2021年度天津市教育科学"十四五"规划课题《"三教"改
教育专业"1+1+X"三证融合课程改革实践研究》（课题批准号：CJE210256）阶段性研究成果
2021年度天津市职业学校"十四五"教育教学改革研究重点项目《"三教"改革视域下高职学前教育专业教学改革实践研究》（项目编号：2021051）阶段性研究成果

学前教育专业师范生教师职业能力实践研究

——基于幼儿园教师资格考试面试

李升伟　李桂云　◎著

经济日报出版社
北　京

图书在版编目（CIP）数据

学前教育专业师范生教师职业能力实践研究：基于幼儿园教师资格考试面试 / 李升伟，李桂云著．-- 北京：经济日报出版社，2024.8

ISBN 978-7-5196-1372-3

Ⅰ．①学… Ⅱ．①李… ②李… Ⅲ．①幼教人员—师资培养—研究 Ⅳ．① G615

中国国家版本馆 CIP 数据核字（2023）第 225643 号

学前教育专业师范生教师职业能力实践研究——基于幼儿园教师资格考试面试

XUEQIANJIAOYU ZHUANYE SHIFANSHENG JIAOSHI ZHIYE NENGLI SHIJIAN YANJIU——JIYU YOUERYUAN JIAOSHI ZIGE KAOSHI MIANSHI

李升伟　李桂云　著

出　　版： 经济日报出版社
地　　址： 北京市西城区白纸坊东街 2 号院 6 号楼 710（邮编 100054）
经　　销： 全国新华书店
印　　刷： 北京建宏印刷有限公司
开　　本： 787mm×1092mm　1/16
印　　张： 14
字　　数： 242 千字
版　　次： 2024 年 8 月第 1 版
印　　次： 2024 年 8 月第 1 次印刷
定　　价： 69.00 元

本社网址：www.edpbook.com.cn，微信公众号：经济日报出版社

本社法律顾问：北京天驰君泰律师事务所，张杰律师　举报信箱：zhangjie@tiantailaw.com

举报电话：010-63567684

本书如有印装质量问题，请与本社总编室联系，联系电话：010-63567684

作者简介

李升伟，男，汉族，1981 年 12 月生，甘肃白银人，副教授，教育学硕士学位。

李桂云，女，汉族，1982 年 3 月生，河北衡水人，副教授，硕士学位。

前言 PREFACE

2018 年 1 月，《中共中央 国务院关于全面深化新时代教师队伍建设改革的意见》提出“全面提高幼儿园教师质量，建设一支高素质善保教的教师队伍”。同年 11 月，《中共中央 国务院关于学前教育深化改革规范发展的若干意见》明确提出“加强党的领导，完善教师培养体系，扩大有质量教师供给，切实提高教师专业水平和科学保教能力，强化师德师风建设，提高教师职业素养，培养热爱幼教、热爱幼儿的职业情怀”。这是对新时代幼儿园教师落实立德树人根本任务、践行“为党育人，为国育才”育人观、提供安全优质学前教育的本质要求。

党的十八大以来，我国幼儿园专任教师队伍大专及以上学历占比从 2012 年的 65.13% 迅速增长到 2023 年的 92.74%；2012—2022 年，大学本科及以上学历占比从 14.39% 迅速增长到 32.61%（其中 2022 年博士研究生 87 人，硕士研究生 8552 人），大专学历占比从 50.74% 增长到 57.68%；2024 年全国“两会”期间，多位“两会”代表委员密集发声，呼吁“以人工智能推动学习方式变革，将人工智能应用纳入教师奖励体系”。诚然，教育数字化发展时代中，以专科学历为主体，本科及以上学历趋势明显增强的高质量师资队伍建设，成为我国实现 2035 年中国式学前教育现代化远景宏伟目标的关键所在。

当前高等师范院校、高职院校学前教育专业成为培养新时代幼儿园教师队伍的主体，承担着高质量幼儿园师资供给培养的历史重任。

2011 年以来，我国开始试点并积极推进中小学和幼儿园教师资格全国统一考试制度工作（以下简称教师资格“国考”），通过对申请人入职资质考察，严把教师入口关，择优选拔乐教、适教人员取得教师资格。

幼儿园教师资格考试面试（以下简称幼儿园教师资格面试）是教师资格“国考”的重要组成部分，以《幼儿园教师资格考试面试大纲（试行）》为参照标准，以幼儿园岗位为导向，以岗位工作任务和内容为载体，坚持育人导向、实践导向、能力导向、专业导向，坚持科学、公平、公正、安全、规范的原则，采用系列结构化设计，考查考生是否具备幼儿园教师思想政治和职业道德素质、核心素养、专业技能技巧、保教能力和专业发展潜质。经过多年试点，幼儿园教师资格面试工作取得了宝贵经验，但目前国内对基于真实面试过程的学前教育专业师范生教师职业能力研究尚属薄弱环节和空白领域，国内鲜有相关成果出版。

本书积极落实党的二十大精神实质，以立德树人为根本任务，以为党育人、为国育才为引领，以幼儿园教师资格面试实践过程和常见问题研究为导向，结合学前教育专业师范生教师职业能力标准，以岗课证赛融合为主线，剖析测试项目考核目标、内容与要求、测试形式与方法、评分标准，归纳命题范围和规律特点，总结面试常见问题，提出实操训练建议，突出强调幼儿园教师资格面试与幼儿园岗位工作任务、校内专业课程学习、1+X 幼儿照护职业技能等级证书、全国高职院校学前教育专业学生教育技能大赛有效衔接，切实提升学前教育专业不同学习主体的师德践行能力、保育和教育实践能力、综合育人能力、自主发展能力等师范生职业能力和综合素质。本书具有以下特点。

一、师德为先，能力为本，终身学习

以学习者为中心，以学习者学习成果（OBE）和问题项目（PBL）为导向，立足幼儿园保教工作、指导家长工作、幼小衔接工作等岗位任务，以幼儿园教师专业标准、学前教育专业师范生教师职业能力标准、新时代幼儿园教师职业行为十项准则、幼儿园教师资格面试大纲为依据，突出学习者以“遵守师德规范，涵养教育情怀”为特质的师德践行能力，培养“幼儿为本，德育为先，教书育人”的综合育人意识和能力，强化保育和教育技能技巧运用，注重自身专业发展，树立终身学习理念。

二、内容全面，实用性强

紧扣幼儿园教师资格面试大纲和学前教育专业师范生教师职业能力标准，内容组织逻辑框架体系共九章，按照结构化面试特点，第一章至第四章分别为幼儿园教师资格面试基础知识、幼儿园教师资格面试基本礼仪、面试前准备、面考室面试，对典型真题进行分析，概括归纳出第五章幼儿游戏活动、第六章幼儿故事活动、第七章儿歌（曲）活动、第八章幼儿绘画活动，以及第九章幼儿手工活动共五个项目的核心学习内容。每个项目的目标导读和内容导引，可帮助学习者明确项目学习目标和主要任务内容，起到提纲挈领的作用。每个学习任务按照“真题分析、常见问题诊断、实操建议”组织安排，让考生由浅入深地学习，掌握考点与专业实践知识和能力的关系，有效形成专业素养和职业能力，突出解决了广大学习者关注的“面试考什么，怎么考，立足平时专业学习，为面试准备学习什么，怎么学习”等问题，实用性和指导性较强。

三、问题导向，针对性强

以幼儿园教师资格面试过程及其常见问题为导向，通过对每个项目目标导读和内容导引、每节案例分析、常见问题诊断部分内容的学习，能够使学习者清晰了解面试命题范围、命题特点与规律，清楚地了解每一项测试内容和结构化过程中常见的问题，树立正确的面试观，在实操训练中如何正确审题，规避常见问题，有效进行备考，提高面试效率，解决广大学习者聚焦的“面试常见问题是什么，如何避免这些问题，提升面试能力”等问题，极具针对性。

四、岗课证赛衔接，融合性强

本书坚持幼儿园教师资格面试与幼儿园岗位工作任务、校内专业课程学习、1+X 幼儿照护职业技能等级证书、全国高职院校学前教育专业学生教育技能大赛等相结合，构建“1+1+X”（学历证书 + 入职资质证书 +X 幼儿照护证书）三证融合内容，帮助广大学习者树立正确的面试观，特别是每个项目的最后一个学习任务，强化岗课证赛衔接，充分引导学习者注重平时专业学习与实践，做好面试准备与平时专业学习实践的有效对接，避免陷入“为了考试而考试”的误区，解决了广大学习者关心的“平时专业学习和实践与面试目标、内容要求之间关系”问题，切实做到了提升学习者的面试能力、专业素质和职业能力的有机统一。

五、学练结合，操作性强

本书通过对典型真题进行分析，参照考核目标和评分说明，提出参考答案或实操建议，构建岗课证赛衔接内容，在每个项目最后一个学习任务，形成完整系统的全仿真模考学习训练、岗课证赛融合分析与备考，真正体现“学中做、做中学”的学练结合，可操作性强，帮助广大学习者立足平时专业学习实践，高效掌握面试所需专业知识、技能或能力，形成真正基于幼儿园典型保教工作任务和要求的面试能力、专业素质和职业能力。

目录 CONTENTS

第一编　认知篇

第二编　实践篇

第一编　认知篇

绪论　新时代幼儿园教师职前培养价值观

第一节　学前教育专业师范生教师职业能力观

一、幼儿教育事业发展对教师队伍建设的新要求

新时代幼儿园教师贯彻党的教育方针，落实立德树人根本任务，践行“为党育人，为国育才”育人观，为培养德、智、体、美、劳全面发展的社会主义建设者和接班人提供安全优质学前教育的本质要求，既具有重要的现实意义也是时代要求。

1. 坚持兴国必先强师，加强幼儿园教师队伍建设的现实意义

兴国必先强师，新时代人民教师承担着传播知识、传播思想、传播真理的历史使命，肩负着塑造灵魂、塑造生命、塑造人的时代重任，是办好人民满意教育、落实立德树人根本任务、践行“为党育人，为国育才”使命担当的关键，是中国式教育现代化的第一资源，是国家富强、民族振兴、人民幸福的重要基石。

加强幼儿园教师队伍建设是新时代学前教育高质量发展，满足人民群众对“幼有所育”、安全优质的“学有所教”美好期盼的客观要求，是顺利实现“十四五”学前教育，发展提升行动计划目标任务的关键所在，是实现《中国教育现代化 2035》学前教育宏伟蓝图的有力保障。

2. 提升思想政治素质，加强幼儿园教师师德师风建设是时代要求

坚持和加强党的全面领导，坚持社会主义办学方向，坚持党管干部、党管人才，坚持依法治教、依法执教，充分发挥党委作用，确保党牢牢掌握教师队伍建设的领导权，保证教师队伍建设正确的政治方向。

加强幼儿园教师思想政治素质，是幼儿园党建工作的重要内容，有利于幼儿园教师更好地领会和落实“立德树人”的根本任务，践行“为党育人，为国育才”的育人观，

更好地实现幼儿园教育目标任务，为培养德、智、体、美、劳全面发展的社会主义建设者和接班人奠定基础。

加强师德师风建设，把提高教师思想政治素质和职业道德水平摆在首要位置，把社会主义核心价值观贯穿教书育人全过程，突出全员全方位全过程师德养成，推动教师成为先进思想文化的传播者、党执政的坚定支持者、学生健康成长的指导者。

幼儿园教师师德师风建设是幼儿园教师队伍建设的首要任务和重中之重，有助于幼儿园教师树立正确的理想信念，立志成为有理想信念、有道德情操、有扎实学识、有仁爱之心的好老师，有助于加强幼儿园教师职业道德教育，实现依法执教，遵守《新时代幼儿园教师职业行为十项准则》，培养热爱幼教事业、关爱幼儿、用心从教、乐于从教的情怀，加强自身修养的师德践行能力，有助于增强幼儿园教师“幼儿为本，德育为先，教书育人”意识，提升综合育儿能力。

3. 提升专业素质能力，提高保教质量，是办好人民满意教育的本质要求

培养热爱幼儿教育事业、幼儿为本、才艺兼备、擅长保教的幼儿教育师资，重视幼儿园教师专业化发展，提升科学保教能力和水平，建设高素质善保教的教师队伍，提高保教质量，满足人民群众对安全优质“幼有所育”的美好期盼，这是办好人民满意教育的本质要求，切实提升幼儿园教师素质和专业水平，是新时代全面提高幼儿园保教工作质量的关键。

二、学前教育专业师范生教师职业能力观

《中共中央 国务院关于学前教育深化改革规范发展的若干意见》明确提出培养热爱学前教育事业，幼儿为本、才艺兼备、擅长保教的高水平幼儿园教师。国家《“十四五”学前教育发展提升行动计划》中要求深化学前教育专业改革，完善培养方案，强化学前儿童发展和教育专业基础，注重培养学生观察了解儿童、支持儿童发展的实践能力。诚然，深化各类院校学前教育专业人才供给侧结构性改革，提升幼儿园教师师资职前培训质量，成为“十四五”学前教育高质量发展的重要内容和实践领域。

为进一步加强师范类学前教育专业建设，建立师范生教育教学能力考核制度，将国家中小学教师资格考试标准和大纲融入日常教学、学业考试和相关培训，提高师范类专业人才的培养质量，从源头上提升教师队伍教书育人的能力水平。教育部颁布的《学前教育专

业师范生教师职业能力标准（试行）》[①]［以下简称《学前教师职业能力标准（试行）》］，着眼于新时代“四有”好教师培养目标，突出师德师风第一标准，细化学前教育专业师范生保教实践能力要求，基于学前教育专业师范生能达到的实际水平，强调与加快推进学前教育现代化相匹配的教书育人能力素质的提升，突出学前教育专业特色，对标师范类学前教育专业认证标准的“毕业要求”，按照“一践行三学会”（践行师德、学会保教、学会育人、学会发展）逻辑主线，融入《幼儿园教师资格考试标准》、考试大纲（含面试）以及《幼儿园教师专业标准（试行）》相关要求，指导高职、高师等各类院校学前教育专业建设，提升学前教育专业师范生教育教学能力水平。

《学前教师职业能力标准（试行）》共四部分内容，即四大能力。

第一部分为师德践行能力，包括遵守师德规范和涵养教育情怀两方面，强调知行合一，从知、情、意、行等方面引导学前教育专业师范生理解、贯彻党的学前教育方针政策，努力成为“四有”好教师。

第二部分为保育和教育实践能力，主要从掌握专业知识与技能、开展环境创设、组织一日生活、开展游戏活动、实施教育活动等方面，对学前教育专业师范生保教实践所需的基本职业能力提出细化要求。

第三部分为综合育人能力，主要从育德意识、活动育人实践、班级管理、心理健康、家园协同等方面强调“幼儿为本，德育为先，教书育人”的本质要求，落实立德树人的根本任务。

第四部分为自主发展能力，注重专业成长、主动交流合作两方面，突出自主发展和终身学习，以及在学习共同体中不断提升专业化水平和能力。

①教育部办公厅关于印发《中学教育专业师范生教师职业能力标准（试行）》等五个文件[EBIOL]. http://www.moe.gov.cn/srcsite/A10/s6991/202104/t20210412_525943.html.

第二节　幼儿园教师资格面试的现实意义

一、幼儿园教师资格面试含义

幼儿园教师资格面试为结构化面试，它是一种标准参照性考试，具有科学的测评标准、测评方法以及组织形式。面试前由国家教育部门组织学前教育专家、学者、幼教工作者就面试所涉及内容、试题评分标准、评分方法、分数使用等一系列问题进行系统的结构化设计。考试中，通过特定场景，以考官对考生面对面的提问以及考生现场展示（模拟试教）为主要考查手段，考查考生幼儿园保教实践的知识、方法、技能、能力等专业综合素质的互动过程。幼儿园教师资格结构化面试的一个显著特征是对报考幼儿园教师岗位的考生，以幼儿园岗位工作内容和任务为导向，通过测试相同的面试题目，使用相同的评价标准,考官根据考生的应答表现,对其专业素质,特别是能力素质作出相应评价。考试结束后，根据考试反馈，对考试进行科学评估，及时修正、补充、更新，使之愈加完善，更好地发挥其功能作用。

二、幼儿园教师资格面试特点

（一）考官配置结构化

幼儿园教师资格面试由教育部负责组织建立试题库，省级教育主管部门负责考试组织运行，地市教育主管部门负责面试的具体实施工作。考官吸收了地市区域内享有一定社会声誉的学前教育专家、学者、较高职称和较老资历的高校学前教育专业教师、幼教教研员、幼儿园一线优秀园长、业务骨干教师等。他们研究经验、业务理论、业务实践经验丰富，更具面试技法方面的经验和权威。考官由教育部或教育部指定机构统一专门培训，经考核后持证上岗。地市考点根据面试报考人数设置考场，每个考场由三名考官组成，一名主考官，两名副考官。主考官一般负责向考生提问并把握整个面试过程，每位副考官也会针对考生具体表现进行打分，最后将三位考官打分情况进行汇总，按照评分标准和系统完成评分。

（二）面试要素结构化

根据幼儿园教师资格面试要求，确定八个按照一定顺序和不同分值比重的面试测评项目要素进行结构化设计，即职业认知（权重 10%）、心理素质（权重 10%）、仪表仪态（权重 10%）、交流沟通（权重 15%）、思维品质（权重 15%）、了解幼儿（权重 10%）、技能技巧（权重 20%）、评价与反思（权重 10%）。并在测评项目要素下面明确测评要点，即评分标准。最后，测评要点下面是测试题目，测试题目基于幼儿园保教岗位职责、职能、职权引出问题。问题由系统编制出来，目的是考查考生具体的任职资格条件，即能力、素质水平。问题能根据已确定的标准来对考生的反应进行评分。每个测试题目都有出题思路或答题参考要点，供考官评分时参考。

（三）面试流程结构化

整个面试流程都是结构化的，所有的步骤都是按照事先制定好的程序进行。如考试时间在考试前已设计好，备考室备考 20 分钟，面考室回答两个规定问题 5 分钟，展示（模拟试教）10 分钟，答辩 5 分钟。所以考生在面试的每个环节一定要树立时间观念和意识，按照规定的时间完成相应测试内容。

三、幼儿园教师资格面试内容

幼儿园教师资格面试内容按照结构化设计，主要包括回答两个规定问题（5 分钟）、展示（10 分钟）以及答辩（5 分钟）三部分内容。

（一）回答两个规定问题

回答两个规定问题是面试的第一个环节，要求考生在 5 分钟内，回答两个规定问题（又称结构化问题）。问题以幼儿园保教活动实践为导向，考查考生在职业认知、心理素质、仪表仪态、交流沟通、思维品质、了解幼儿、技能技巧、评价与反思八个方面的基本素养。主要涉及幼儿发展理论、幼儿园教育活动实施、幼儿园教育评价、环境创设与利用、家园合作、幼儿园一日生活指导、幼儿游戏活动支持与引导等保教实践知识，以及幼儿园教师专业理念与师德，专业（化）成长与发展，活动组织实施、教师与家长、幼儿的有效沟通、教育反思、保教活动中教育机智等职业素养和专业能力。从题型来看，主要有观点题、策略题、既有观点又有策略题三大类型。

（二）展示

这是面试的中心环节，要求考生根据试题清单中的试题题目、基本要求完成内容的展示。这个环节没有真实的幼儿参与，考生需要根据真实保教实践活动情境（景）模拟创设与试题题目、内容一致的展示环境，通过自己备课预设和现场情况随机灵活发挥默会的保教技能、技巧、方法，按照试题基本要求完成展示。这一展示过程中，展示环境一般有物质环境（材料、教玩具、空间场地等）和精神环境（师幼互动的氛围），考生可借助试题内容提供的现场材料、现场空间来创设，同时须通过展示内容过程中的教学语言、态势语体现一定幼师互动的模拟而实现。展示的内容就是技能技巧，如图0-1所示。

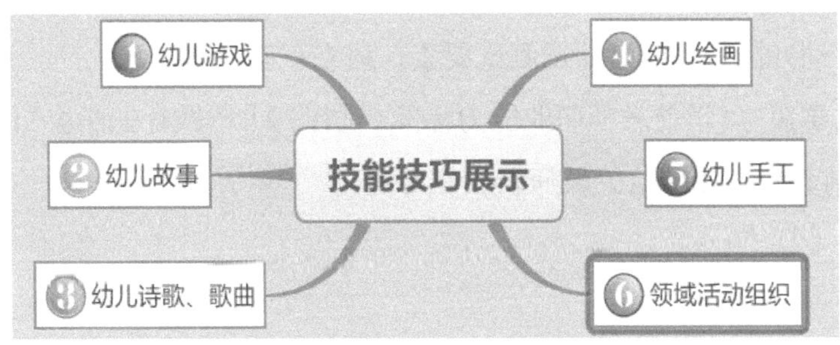

图0-1　展示的主要专业技能技巧

需要强调的是，考生准确理解展示环节的本质就是师幼互动，故而需要在平时学习实操中体验、领会、习得师幼互动的策略方法，形成一定的保教能力。同时，在面试中充分利用考场提供的各种材料完成展示内容。如幼儿小椅子，根据展示内容特点及时、恰当地使用小椅子。做活动材料，更要利用小椅子，灵活使用坐姿与其他姿势结合完成展示内容。

（三）答辩

答辩环节，是考生展示之后，考官以考生展示内容和过程为导向，进行补充性的测试，以便对考生有比较全面、客观的整体认识，为最后打分做必要补充依据。这个阶段主要考查考生对展示内容的解读能力、语言表达和逻辑思维能力、心理素质以及与考官沟通交流的能力。考官一般不会提问保教基本知识与理论，重点就展示内容的设计、组织、教材、教法等专业教学能力对考生进行提问。

第一章 国家层面的基本标准解读：幼儿园教师资格面试基础知识

【目标导读】

•正确理解幼儿园教师资格面试测试要素，树立正确面试观。

•默会测试要素与《学前教师职业能力标准（试行）》“一践行三学会”能力对应关系，树立正确的学前教育专业师范生教师职业能力观。

第一节　幼儿园教师资格面试测试要素与解读

一、职业认知

考纲描述

（一）职业认知（权重 10%）

1. 热爱幼儿，尊重幼儿

2. 对幼教工作有热情，有责任心

（一）解读

职业认知主要包含职业认同和职业态度两个目标。职业认同目标主要考查新时代幼儿园教师职业价值和理想信念、思想政治素质、从教动机和意愿、工作岗位职责和内容、幼儿园教师劳动特点、幼儿教师专业（化）成长与发展、职业道德规范、学前教育法律法规、优秀传统文化素质等。职业态度目标包括热爱幼儿，尊重幼儿的儿童观、教育观以及有强烈的责任心等教师观。从幼儿园岗位工作实践来看，涵盖了新时代幼儿园教师所持有的儿童观、教育观、教师观等职业理解与认识，主要包括对新时代幼儿教育事业的认知与态度、对新时代幼儿园教师职业的认知与态度以及对幼儿的认知与态度。

职业认知目标考查方式以问题为主，重点集中在回答两个规定问题和答辩环节，特别是两个规定问题中的陈述式观点题最为典型。隐性的考查贯穿于面试全过程，特别是考生的言谈举止，突出反映《学前教师职业能力标准（试行）》中师德践行能力和综合育人能力。

（二）等第评定标准与表现程度

1. 等第评定标准：优（9 ～ 10 分）

表现程度：对党的幼儿教育事业的认识与态度积极，思想政治素质过硬；对新时代幼儿教师职业的认识和态度积极，有较强的投身幼教行业的意愿和内生驱动力，清楚地了解新时代幼儿园教师的工作内容和职责，专业发展意识强烈；以幼儿为本，热爱幼儿，尊重幼儿，有强烈的责任心。

2. 等第评定标准：中（6 ～ 8 分）

表现程度：对党的幼儿教育事业的认识与态度比较积极，有一定思想政治素质；对新时代幼儿教师职业的认识和态度比较积极，投身幼教行业的意愿和内生驱动力受一定外部动机的影响，基本了解新时代幼儿园教师的工作内容和职责，有专业发展意识；对幼儿有爱心、责任心。

3. 等第评定标准：差（0 ～ 5 分）

表现程度：对党的幼儿教育事业的认识与态度消极，思想政治素质缺失；对新时代幼儿教师职业的认识和态度消极，投身幼教行业的意愿和内生驱动力明显受外部动机的影响，不了解新时代幼儿园教师的工作内容和职责，缺乏专业发展意识；对幼儿缺乏爱心、责任心。

（三）案例再现

在回答两个规定问题环节，有考生回答规定问题1“你为什么选择幼儿园教师这一职业”时答道，“因为在当前社会公务员和事业单位招考中，教师行业，特别是幼儿园教师招聘考试是门槛最低、学历与专业要求低、招聘人数较多、考上概率高的社会招聘考试……”该考生回答规定问题2“习近平总书记在与北京师范大学师生座谈时，提出‘四有’好教师标准，请问‘四有’是哪‘四有’？”时，一时语塞，最后放弃回答。

分析：该考生对新时代幼儿教师职业的认识和态度受社会招考外部动机的直接影

响，缺乏对幼儿教师职业正确的认识和积极态度，入职内在动机缺失，未从自身实际分析表达其从事幼教事业的职业理想和信念，未表达对待幼儿的认知和态度，外部动机占主导地位，缺乏专业发展意识。考官可以预知该考生对职业认知不足，缺乏职业稳定性和坚持性，中途更换职业的可能性大；在回答“四有”好教师时放弃回答，说明该考生对新时代党和国家领导人系列讲话精神以及教育方针政策学习贯彻意识淡薄，不关心国家教育大事、思想政治素质不过硬，故而在该考生职业认知一项评定等级分数为“差”，甚至 0 分，主考官在纸质成绩单备注说明。

二、心理素质

考纲描述

（二）心理素质（权重 10%）

1. 有一定的情绪调控能力

2. 乐观开朗，有信心

（一）解读

心理素质主要包含情绪调控和性格特征两个目标。情绪调控目标主要考查考生的情绪调控和管理能力，能否较快地进入正常情绪状态。从幼儿园岗位工作实践来看，幼儿园教师在保教工作中要有条不紊地工作，不急不躁，能冷静地处理一日活动和其他活动中的突发问题，不慌不乱，能公平公正地处理问题，不偏激、不固执，控制好情绪，与人友好交流沟通。性格特征目标主要考查考生乐观开朗、自信心强的性格与幼儿园教师职业的匹配度。

考官对考生心理素质目标的考查方式，就是利用考试形式的设置，形成考试外部压力，通过考官敏锐的观察和倾听的方式而非问答或展示来考查。如利用回答问题环节观察考生能否以积极、乐观、热情、自信和平稳的心态去沉着应对，且是否具备管理情绪、判断和处理日常保教实践中常见问题的能力。

（二）等第评定标准与表现程度

1. 等第评定标准：优（9 ～ 10 分）

表现程度：有较强的情绪调控能力，能较快地进入正常情绪状态，如面对考官的提问或陌生的考场环境，能轻松自如地应对，回答保教问题解决策略或与幼儿、家长、同事等沟通时，表现出良好的情绪控制和管理能力、淡定自信的状态；性格乐观，如能用友善的眼神、洪亮的声音、适中的语速与考官交流，表现活泼开朗。

2. 等第评定标准：中（6 ～ 8 分）

表现程度：有一定的情绪调控能力，进入正常情绪状态较慢，如面对考官的提问或陌生的考场环境，需要调整重新进入考试情境，比较自如地应对，回答保教问题解决策略或与幼儿、家长、同事等沟通时，表现出一定的情绪控制和管理能力、比较自信的状态；性格比较乐观、开朗，偶有用友善的眼神、比较洪亮的声音、相对适中的语速与考官交流，表现比较活泼。

3. 等第评定标准：差（0 ～ 5 分）

表现程度：情绪调控能力差，难以控制自己的情绪，高度紧张，如面对考官的提问或陌生的考场环境，经过自我调适依然进入不了考试情境，回答保教问题解决策略或与幼儿、家长、同事等沟通时，表现出情绪控制和管理能力差、高度紧张、语无伦次等状态；性格孤僻，悲观消极，自信心不足。

（三）案例再现

在回答两个规定问题环节，一考生进入考场高度紧张，听考官抽读问题时两腿发抖，考官读完第一个规定问题后，该考生身体前后摇晃，欲言又止，紧张得满头是汗。考官微笑着安抚，“不紧张，请放松一点，可以深呼一口气……”，经过考官多次引导，该考生始终未张口回答，5分钟内未对两个规定问题做出回答，最后只得放弃考试。

分析：该考生在面对考官提问和考场环境时，高度紧张，两腿发抖，身体摇晃，欲言又止，明显情绪自我调控和管理能力极差，自信心严重不足，虽经考官耐心、友好的疏导调适，但考生调适紧张情绪效果始终不好，故而在该考生心理素质一项评定等级分数为“差”。

三、仪表仪态

考纲描述

（三）仪表仪态（权重 10%）

1. 行为举止自然大方，有礼貌
2. 服饰得体，符合幼儿教师职业特点

（一）解读

仪表仪态主要包含行为举止和服装仪表两个目标，贯穿整个面试过程。主要考查考生言谈举止、仪容仪表、考场礼仪与幼儿园教师职业要求匹配程度。考生行为举止自然大方、有礼貌、态度亲和、服饰得体、整体协调，符合幼儿教师职业特点，通过考官现场观察、感官体验，能让考官感受到一名合格乃至优秀幼儿教师的潜质。

（二）等第评定标准与表现程度

1. 等第评定标准：优（9 ～ 10 分）

表现程度：行为举止自然大方，有礼貌，态度亲和，如体态大方，无不良姿势，无不文明行为；服饰得体，整体协调，符合幼儿教师职业特点，如着装得体，无不适宜服饰，仪容简单整洁，无异味及夸张过度修饰。

2. 等第评定标准：中（6 ～ 8 分）

表现程度：行为举止比较自然大方，比较有礼貌，如体态比较大方；服饰基本符合幼儿教师职业特点，如着装比较得体、仪容比较简单整洁。

3. 等第评定标准：差（0 ～ 5 分）

表现程度：行为举止拘谨，不够自然，缺乏礼貌，如体态呆板僵硬，歪斜站姿或张腿坐小椅子，行为粗放，对考官不尊敬，无尊重性词汇或言语；服饰不符合幼儿教师职业特点，如着装不得体，披肩发、彩染发、浓妆艳抹、穿超短裙、吊带衣、开缝洞牛仔裤、光脚穿凉鞋、趾甲涂醒目指甲油、穿高跟鞋等，仪容脏乱，修饰夸张。

（三）案例再现

某次春季面试，女考生1气质形象姣好，穿着超短裙和高跟鞋进入考场，展示主要内容是“结合动作示范，讲解游戏规则和玩法”；女考生2上身穿低胸短袖，下身穿一牛仔裤，裤腿上开着小洞、小缝，头发染成粉色。

某次秋季面试，北方女考生3，面试全程上身穿着厚厚的羽绒服，下身穿着打底裤和高跟长筒靴。

分析：幼儿园教师着装与中小学教师比较而言，有其特殊性，一般来说，忌露、忌透、忌紧、忌异、忌乱、忌寒碜，参加幼儿园教师面试着装礼仪一定要注意这几点要求。除此之外，每年两次的教资面试因南北地域和季节性差异，考生在着装礼仪上也应注意地域性和季节性，在细节上做好准备。女考生 1 穿超短裙和高跟鞋不利于游戏规则玩法的讲解示范，更不符合幼儿园教师工作规范；女考生 2 短袖露胸，穿露洞、开缝牛仔裤既不符合面试的严肃性，又不符合幼儿园教师工作要求；女考生 3 忽视冬季面试着装与季节性日常着装区别，在考场中应脱去厚羽绒服，不穿高跟长筒靴而应提前换成与其整体气质形象和考试要求相适宜的鞋，方便展示顺利进行。所以考官对上述三位考生仪表仪态一项评定等级分数为“差”。

四、交流沟通

考纲描述

（四）交流沟通（权重 15%）

1. 有良好的语言表达能力。普通话标准，口齿清楚，表达流畅，语速适当，有感染力

2. 善于倾听、交流，有亲和力

（一）解读

交流沟通能力是幼儿教师必备的专业核心能力之一，也是面试重点考核的目标。目标主要包含言语表达和倾听理解两方面，二者相辅相成，体现在与不同对象的交流沟通过程中。重点考查考生与幼儿交流沟通中是否善于倾听，能否以幼儿理解的语言、语气、语调、语速等与幼儿说话，是否有感染力和亲和力；在与成人（考官、家长、同事、园领导）交流沟通中是否善于理解、语言文明、沟通顺畅。

交流沟通目标考查方式贯穿于面试中回答两个规定问题、展示内容和过程、答辩全程，即考查主要方式是问答或展示。特别是回答两个规定问题，每次必考，常常以策略题或既有观点又有策略题出现。对此部分内容考生务必高度重视，进行针对性训练，提高自身交流沟通能力。

（二）等第评定标准与表现程度

1. 等第评定标准：优（9 ～ 10 分）

表现程度：与幼儿交流沟通能力强，善于倾听幼儿的心声，能以幼儿理解的语言、语气、语调、语速等与幼儿说话，有感染力和亲和力，如能高频率使用符合幼儿年龄特点的词汇，使用多样的鼓励性、肯定性词汇，俯身或坐在小椅子上与幼儿平视互动，善于倾听和回应幼儿，师幼互动良好；与成人交流沟通能力强，善于理解他人、语言文明、沟通顺畅，如与家长、同事沟通时。面对考官的提问，能迅速理解题意，抓住问题本质，

进行正确归因分析并多方面提出切实有效、实用的解决问题的办法或策略。与考官交流顺利，有礼貌，语言精练，富有条理。

2. 等第评定标准：中（6～8分）

表现程度：有一定的与幼儿交流沟通的能力，能倾听幼儿的心声，语言表达基本适合幼儿，如能使用符合幼儿年龄特点的词汇，使用鼓励性、肯定性词汇，偶有成人化、否定性词汇，愿意倾听和回应幼儿，有一定的师幼互动；有一定的与成人交流沟通的能力，能够理解对方，沟通比较顺畅，如与家长、同事沟通时。面对考官的提问，能基本理解题意，进行归因分析并从一个或两个方面提出解决问题的办法或策略。与考官交流比较顺利，有一定礼貌，语言比较精练、有条理。

3. 等第评定标准：差（0～5分）

表现程度：与幼儿交流沟通能力较差，如较多地使用成人化、否定性词汇，不倾听和回应幼儿，呵斥幼儿，展示环节全程直立原地不动，缺乏亲和力和师幼互动；与成人交流沟通能力较差，沟通不顺畅，如与家长、同事沟通时。面对考官的提问，不能准确理解题意，不能正确进行归因分析并提出针对性解决问题的办法或策略。与考官交流能力较差，不能正确理解考官问题，语言缺乏条理性。

（三）案例再现

在回答两个规定问题环节，一考生回答规定问题1“幼儿园大班开展消防安全演习，乐乐害怕，大喊道：‘我怕火，我怕火’，作为老师，你该怎么办”时，一边语言回答，一边模拟面向幼儿蹲下来，手模拟摸摸幼儿头道：“乐乐，为什么怕火呀？”“那老师陪着你一起下楼梯，好吗？”说着，一边模拟用手拉着乐乐，一边模拟组织其他幼儿……；在回答规定问题2“豆豆入园一个月了，还挑食，妈妈责问你，你该怎么办”时，该考生微笑着注视考官，不紧不慢地答道：“首先，我会耐心地听完豆豆妈妈的话，然后心平气和地告诉豆豆妈妈，这是孩子不适应幼儿园环境的正常反应，我会对豆豆给予关注，把吃饭又快又香的孩子安排在豆豆旁边，感染和鼓舞豆豆，我也会在孩子们进餐前讲故事，调动豆豆的食欲，进餐时，我会把豆豆特别爱吃的先挑出来，通过逐渐添量的方法，让豆豆把不太喜欢吃的先吃完，并告诉豆豆，先把盘里的菜吃完，老师奖励你最爱吃的鸡翅，这样会大大缓解孩子的挑食和入园不适应的情况。对于孩子的进步我会及时给予肯定和鼓励。当然，孩子改变挑食习惯，也特别需要您的大力支持，需要您根据豆豆的挑食情况，调整一下家里的食谱和进餐习惯。我们一起努力形成合力，一定会让豆豆改掉挑食的习惯，让豆豆健康快乐成长。”稍作停顿，随后面带微笑对考官说道：“回答完毕！”

分析：规定问题 1 主要考查师幼沟通能力，该考生善于倾听和回应活动中幼儿的需要，通过模拟体现出用适合幼儿“蹲下来，摸一摸额头、询问、手拉着”的动作、语言与幼儿沟通交流，富有感染力和亲和力，解决问题方法切实、有效，师幼互动良好；规定问题 2 主要考查与家长沟通能力，该考生能有效控制和管理好自己的情绪，冷静、耐心倾听和回应家长对孩子挑食习惯的态度，先心平气和地与家长沟通，安抚好家长情绪，从家长需求出发，换位思考，告诉豆豆妈妈在幼儿园工作中给予豆豆更多具体关注的方法和解决挑食习惯的策略，同时动之以情、晓之以理地请豆豆妈妈做好家园合作工作，指导豆豆妈妈改变教养豆豆的观念和方式，提升家教能力，促进豆豆健康成长，与家长沟通能力强，方法策略针对性强，有效实用。最后与考官交流互动良好，有始有终。故而考官在该考生交流沟通一项评定等级分数为“优”。

五、思维品质

考纲描述

（五）思维品质（权重 15%）

1. 能正确地理解问题，条理清晰地分析思考问题

2. 有一定的应变能力，在教育教学上表现出一定新意

（一）解读

具有一定的思维品质是幼儿教师必备的又一专业核心能力，也是面试考核的重点目标。目标主要包含问题分析和问题解决两个方面。问题分析目标重点考查考生问题抓得准，能够多角度地、全面地、客观地、透彻地分析问题，思维逻辑性强，强调考生对保教实践问题的宏观理解把握和事物之间矛盾关系的理解。问题解决目标考查考生在保教实践中遇到问题时如何进行处理与应对的教育机智，富有创意地解决保教实践问题能力以及在面试答辩中面对考官的提问考生如何应答的应变能力。

思维品质目标考查方式贯穿整个面试过程和结构化环节。回答两个规定问题、展示表达深刻反映对题意的理解能力以及答辩环节考官提问都能直接、全面、深刻地反映考

生的思维品质。需要强调的是，考生思维品质较差是历年面试中主要的、突出的问题之一，考生在平时学习过程中务必加强掌握良好思维品质形成的方法，特别要在专业学习中养成将所学学前教育专业基本知识主动联系幼儿园保教实践的思维习惯，在保教实践中学会主动运用专业基础理论尤其是实践知识分析、解决保教实践问题或现象的基本能力。

（二）等第评定标准与表现程度

1. 等第评定标准：优（9 ～ 10 分）

表现程度：问题抓得准，能够多角度、多环节、全面、透彻地分析问题，条理清晰、逻辑缜密；应变能力强，回答问题思路清晰，语言表达自然流畅、易于理解，专业理论联系保教实践思维能力强，解决问题的办法切实有效、富有创意。

2. 等第评定标准：中（6 ～ 8 分）

表现程度：基本能抓住问题要点，具有一定分析问题的能力，条理比较清晰；有一定的应变能力，回答问题思路基本清楚，语言表达比较流畅，具有一定的专业理论联系保教实践思维能力，能提出解决问题的方法。

3. 等第评定标准：差（0 ～ 5 分）

表现程度：不能正确理解问题，思维混乱，分析问题不得要领；应变能力差，回答问题思路缺乏条理，语言表达紊乱，缺少解决问题的方法。

（三）案例分析

在回答两个规定问题环节，考生1回答“王老师参加工作刚刚两年就失去了工作热情，无精打采，你怎么看”时，该考生答道：“王老师刚刚工作两年就失去了工作热情，无精打采，说明她不适合幼儿教师这份工作。如果换成是我，我不会像王老师一样的，我会始终保持热情、积极面对每天的工作。”

在展示环节中，考生2回答“在老鹰捉小鸡游戏中，幼儿可能会遇到哪些困难，如何解决”时，该考生答道：“在游戏前分配角色时，可能会出现几个幼儿争抢同一个角色的情况，我会引导孩子们通过‘石头剪刀布’等猜拳方法，或角色轮换等方法给他们分配好角色；在游戏中有些孩子可能注意力不集中或不清楚游戏玩法和规则，出现掉队的情况，我会在游戏前结合动作示范，讲解游戏玩法和规则，游戏中以角色身份与孩子一起游戏，及时介入指导；在游戏过程中也可能出现个别幼儿摔倒的情况，我会在游戏前强调安全并在游戏中及时帮助摔倒的孩子。”

分析：考生 1 回答的规定问题主要考查考生树立正确的教师观和专业发展意识，正确看待职业倦怠危害，学会正确调适，呵护身心健康。基本的审题逻辑是“首先聚焦问题核心是幼儿教师工作态度和行为的教师观——职业倦怠问题，其次结合保教实践或个人实际，谈谈职业倦怠的危害，最后以幼儿教师专业发展为线，说说调整克服职业倦怠的方法”。考生 1 没有抓住问题要领去分析职业倦怠问题的本质、危害和构建克服职业倦怠的方法，而是主观随意地表象化、片面化看待问题，说明该考生逻辑思维能力和应变能力以及思维品质较差。故而在该考生思维品质一项评定等级分数为“差”；考生 2 则从幼儿游戏活动的组织前、游戏活动组织基本逻辑结构中具体分析幼儿可能会出现的问题并提出相应的解决办法，体现出该考生能抓住问题要点，具有一定分析问题的能力，条理比较清晰；有一定的应变能力，回答问题思路基本清楚，语言表达比较流畅，具有一定的专业理论联系保教实践思维能力，提出解决问题的方法切实有效，结合考生技能技巧展示和回答两个规定问题情况，考官可将该考生思维品质一项评定等级分数为“中”或“优”。

六、了解幼儿

考纲描述

（六）了解幼儿（权重 10%）

1. 具有了解幼儿兴趣、需要、已有经验和个体差异的意识

2. 能通过观察了解幼儿

（一）解读

了解幼儿是幼儿教师从事保教工作的逻辑前提，也是考生应对面试，形成面试能力的前提和基础，更是面试考核的基本目标。目标主要包含年龄特征和发展特点两个方面。年龄特征目标主要考查考生掌握并运用幼儿年龄特征组织保教活动，分析、解决保教实践问题的能力。发展特点目标主要考查考生能把握幼儿发展特点，具有了解幼儿的意识，通过观察了解幼儿的兴趣、需要、已有经验等，关注幼儿个体差异的能力。

了解幼儿目标考查方式也贯穿整个面试过程和结构化环节。考生运用所了解掌握的幼儿年龄特征、发展特点、兴趣、需要、已有经验以及个体差异的实践知识，分析保教实践问题或现象，构建问题解决办法、策略，是回答两个规定问题环节、展示环节中回

答问题经常重点考查的内容，考官提问的答辩环节也会涉及。而模拟展示师幼互动活动（片段）中，通过活动（片段）的设计、组织全面考查考生是否具有幼儿意识，是否考虑到幼儿的兴趣、需要等个性倾向性以及个体差异，在模拟展示师幼互动过程中是否有意识地观察、了解幼儿。需要强调的是，无论是在日常保教实践活动还是在面试模拟师幼互动展示中，了解幼儿，有幼儿意识是构建良好师幼关系的前提和基本要求。

（二）等第评定标准与表现程度

1. 等第评定标准：优（9 ～ 10 分）

表现程度：准确把握幼儿年龄特点身心发展特点；了解幼儿的兴趣、需要、已有经验并能由此提出适宜的保教策略；关注幼儿个体差异性，能做到因材施教，提出个性化教育措施；观察能力强，能正确运用各种观察方法，并及时记录，深入分析观察内容。

2. 等第评定标准：中（6 ～ 8 分）

表现程度：基本了解幼儿年龄特点和身心发展特点；具有了解幼儿的兴趣、需要、已有经验等的意识并能提出一定的保教策略；具有关注幼儿个体差异性的意识，能做到一定的因材施教，提出一定的教育措施；观察能力比较强，能用最基本常见的观察方法记录，比较正确分析观察内容。

3. 等第评定标准：差（0 ～ 5 分）

表现程度：不了解幼儿年龄特点和身心发展特点；不了解幼儿的兴趣、需要和已有经验并无法提出相应适宜的保教策略；忽视幼儿个体差异性，无法做到因材施教和提出个性化教育措施；观察能力差，不会运用最基本常见的观察法记录，不会分析观察内容。

（三）案例分析

在回答两个规定问题环节，考生回答“4岁的佳佳今天在幼儿园做了错事，李老师教育说，‘你做了错事，改了就是个好孩子’。佳佳回到家里高兴地告诉爸爸，今天老师表扬了她。作为老师你怎么看待”时，考生答道：“我认为这是4岁孩子的正常表现，平常心看待就可以，不必过分担心。”

分析：该规定问题主要考查目标之一就是考生对幼儿了解的程度。该考生意识到撒谎是 4 岁左右幼儿的正常表现，但是没有点明材料中佳佳撒谎是无意撒谎，是幼儿无意想象发展的具体表现这一本质，同时也没有结合材料分析佳佳无意撒谎的原因，也没有给出具体的、积极的策略。考生平时训练时首先要点明问题本质，其次根据幼儿年龄特征和身心发展特点分析引发行为问题的内部原因，以及结合材料内容分析外部动机，最后提出促进幼儿发展的切实、有效的措施。考生如果从上述三个方面有层次地进行回答，考官可以评定等级分数为“优”，而像案例中考生回答的情况，则评定为“差”等级分数。

七、技能技巧

考纲描述

（七）技能技巧（权重 20%）
1. 熟悉一些幼儿喜欢的游戏和故事
2. 具有一定的弹、唱、画、跳、手工制作等幼儿教育所必需的基本技能

（一）解读

幼儿教师具备基本的专业技能，并运用基本技能组织保教活动的实践能力是一名合格幼儿教师最基本专业能力的要求和体现，也是面试考核最基本、最重要的核心目标，达到 20% 的权重。目标主要包含基本技能和保教实践能力两部分。基本技能目标主要考查考生是否具备弹、唱、画、跳、做游戏、讲故事、手工制作等基本技能。保教实践能力目标主要考查考生能否具有运用上述基本技能开展保教活动的能力。

技能技巧目标考查方式是面试的核心环节——展示，这也是面试测试的核心内容。在回答规定问题和答辩中也会涉及技能技巧与职业认知、运用策略等相关实践知识。

需要强调的是，考生在立足平时专业技能课程学习时，一方面要强化基本功训练，另一方面务必加强运用专业技能组织保教活动实践能力的锻炼，两个方面相辅相成，不可分割。

（二）等第评定标准与表现程度

1. 等第评定标准：优（9 ～ 10 分）

表现程度：具备熟练的弹、唱、画、跳、做游戏、讲故事、手工制作等基本技能；能较强运用上述基本技能开展保教活动，师幼互动良好。

2. 等第评定标准：中（6 ～ 8 分）

表现程度：具备一定的弹、唱、画、跳、做游戏、讲故事、手工制作等基本技能；有一定运用上述基本技能开展保教活动的能力，师幼互动比较好。

3. 等第评定标准：差（0 ～ 5 分）

表现程度：弹、唱、画、跳、做游戏、讲故事、手工制作等基本技能较差；难以运用上述基本技能开展保教活动，师幼互动较差。

（三）案例分析

考生1进入面考室，备课纸上书写着比较翔实的活动方案，试题内容明确要求是为诗歌《秋天来了》配插图和回答问题（利用诗歌和你的作品，可以组织幼儿开展哪些活动），考生回答两个规定问题结束后，直接进行模拟试讲，试讲中出示了备课中准备的简单图片，试讲结束后回答问题。

考生2进入面考室，备课纸上书写着说课稿内容，试题内容明确要求结合动作示范，讲解游戏规则和玩法。回答完两个规定问题后进入展示环节，考生2答道："首先说活动设计意图……其次说活动目标……再次说学法和教法……最后说活动过程……"

分析：考生 1 的试题主要考查的是考生的绘画技能以及运用绘画技能组织开展保教实践活动的知识与相应能力。考生在正确理解试题的前提下，可直接在考场进行绘画，然后回答问题即可。考生 2 的试题主要考查的是幼儿游戏活动组织中游戏活动前考生如何结合动作示范讲解游戏玩法和规则，考生只需要将游戏活动前模拟向幼儿讲解游戏玩法和规则这一活动片段展示出来即可，绝非说课展示。一般地，面试试讲（展示）如果以说课形式进行，基本是一票否决制。故而考生 1 和考生 2 共同的错误就是对题目的理解出现偏差，未能正确理解试题考查目标和内容要求，考官对考生 1 和考生 2 技能技巧一项可评定等级分数为"差"，特别是考生 2，展示如果是说课，技能技巧一项评定分数为"0"，主考官会在纸质成绩单备注说明。

技能技巧主要考查考生弹、唱、画、跳、做游戏、讲故事、手工制作等基本技能并运用上述基本技能开展保教实践活动的知识（幼儿年龄特点、学习特点、活动组织策略等）以及相应的组织指导能力，充分体现了《学前教师职业能力标准（试行）》中师德践行能力、保育和教育实践能力、综合育人能力。

笔者近 10 年通过跟踪研究和现场观察发现，广大考生在技能技巧考核目标项目中常见的、突出的问题有：

（1）儿童歌曲弹唱技能差，歌曲教、学唱活动，歌曲表演活动等实践知识和相应教学法掌握不牢固；

（2）儿歌、手指谣等诗歌朗诵技能较差，诗歌教、学唱活动，诗歌表演活动，改创编诗歌活动等实践知识和相应教学法掌握不牢固；

（3）幼儿故事续编能力较差，幼儿故事讲述活动实践知识掌握不牢固；

（4）幼儿游戏结合动作示范，讲解游戏玩法和规则技能较差，规则性各类游戏活动实践知识和相应游戏指导能力较差，创造性各类游戏活动实践知识和介入指导游戏能力较差；

（5）绘画技能中构思、布局、内容匹配度、生动性、形象性等基本技巧方面还需强化提升，幼儿绘画活动实践知识和相应组织能力较差。

八、评价与反思

考纲描述

（八）评价与反思（权重 10%）

1. 能对教育活动和教育行为进行较客观的评价
2. 能根据评价结果提出改进意见

（一）解读

幼儿教师具备一定的评价与反思能力，是提高保教质量和水平的现实需要，是幼儿教师专业（化）成长与发展的客观要求，也是面试考核的基本目标之一。主要包含评价和反思两方面目标。评价目标主要考查考生能否从幼儿教育专业的角度对日常保教实践活动和现场展示进行客观、准确、较全面的评价。反思目标主要考查考生能否根据评价结果进行反思，并对日常保教实践问题、现象或自己的问题、不足提出适宜的改善办法。

评价与反思目标考查方式主要是在回答两个规定问题环节和答辩环节中进行，深刻反映着《学前教师职业能力标准（试行）》中幼儿园教师的自主发展能力。

（二）等第评定标准与表现程度

1. 等第评定标准：优（9 ～ 10 分）

表现程度：能从幼儿教育专业的角度在现场展示，如对整体面试情况、回答两个规定问题、展示环节等进行客观、准确、较全面的评价；能根据评价结果进行反思，并对自己的问题或不足提出适宜的改善办法。

2. 等第评定标准：中（6 ～ 8 分）

表现程度：基本上能从幼儿教育专业的角度在现场展示，如对整体面试情况、回答两个规定问题、展示环节等进行评价；对自己的问题或不足有反思意识，能提出一点改善意见。

3. 等第评定标准：差（0 ～ 5 分）

表现程度：不能从幼儿教育专业的角度在现场展示，如对整体面试情况、回答两个规定问题、展示环节等进行评价；没有反思意识，看不到自己的问题或不足。

（三）案例分析

在面考室，展示环节结束后进入答辩环节，考官让考生反思一下自己今天的展示情况，考生说："我感觉可以，挺好的。"考官继续追问："有没有其他需要补充的？"考生表示没有。

分析：考官答辩环节提出此问题主要通过考生对面试展示的自我效能感，考查考生是否能正确评价和进一步反思，提出改善意见。结合该考生的表现，考官在评价与反思一项可评定等级分数为"差"。

第二节　幼儿园教师资格面试考场情境探寻

一、幼儿园教师资格面试场景

幼儿园教师资格面试考官有三位，一位主考官，两位副考官，分别由学前教育专家、学者、高校教师、幼教教研员、幼儿园优秀园长和骨干教师组成。幼儿园教师资格面试考场布置常见的有两种，如图 1-1、图 1-2 所示。

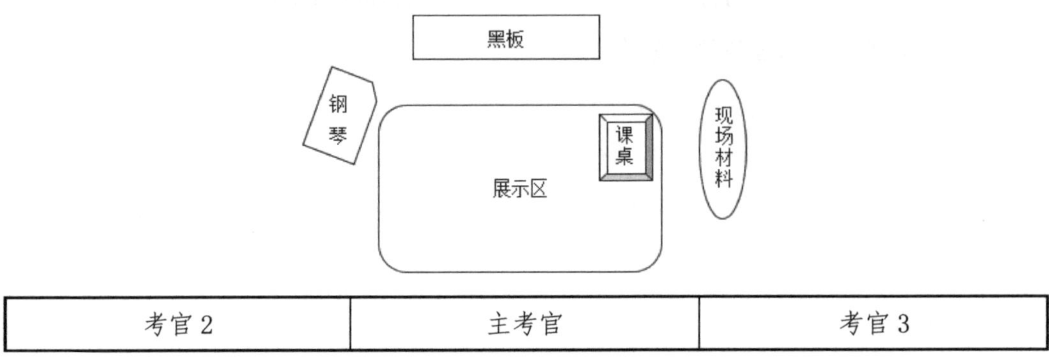

图1-1　幼儿园教师资格面试考场常见布置示意

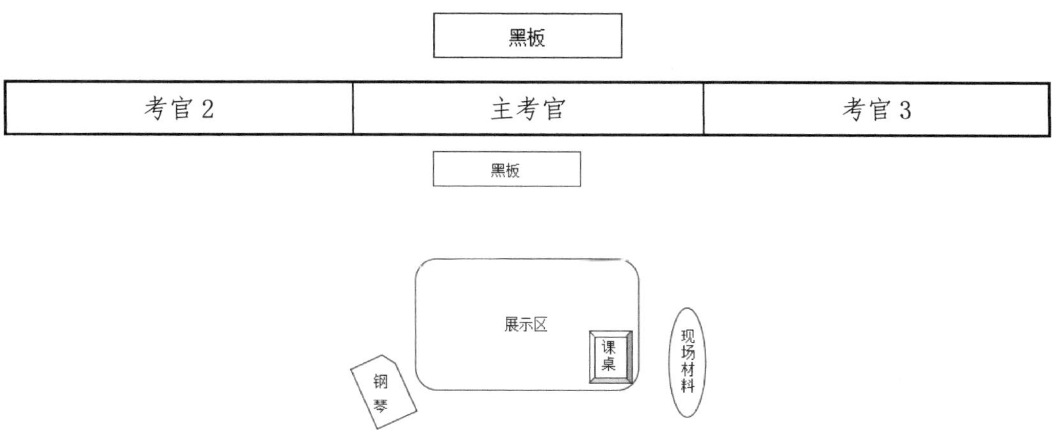

图1-2　幼儿园教师资格面试考场常见布置示意

二、幼儿园教师资格面试流程

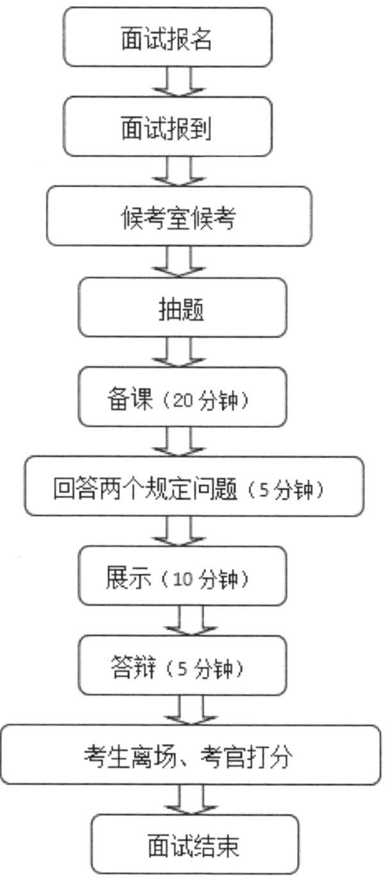

图1-3　幼儿园教师资格面试流程示意

三、幼儿园教师资格面试流程全真再现

下面是幼儿园教师资格面试全真结构化流程样例。

（一）第一环节：回答两个规定问题

【主考官指导语】考生，你好！欢迎参加面试。本次面试程序如下：请你先回答两个问题，然后再进行展示（试讲）。下面我们抽取两个规定问题，请你思考后再进行回答，时间 5 分钟，注意把握好时间。

（稍停顿一下）请听第一个问题：

你认为孩子们喜欢的老师是什么样子的？

（待考生回答完毕后紧接着）请听第二个问题：

有人认为幼儿教师就是保姆，你怎么看？

两个问题回答完毕后，进入第二环节流程。

★特别提醒

（1）两个规定问题是一问一答，在每一个问题回答结束时，考生一定要微笑着说“回答完毕”。

（2）回答两个规定问题，就是考生就新时代党和国家领导人关于教育系列讲话精神和教育方针、政策以及党的时事政治的学习理解、贯彻落实，幼儿园常见保教实践现象、问题或职业认知按照试题规定要求与考官进行交流。考生一定要注意交谈技巧，以“说”的方式（注意语速、语气、口语化），结合眼神、微笑、恰当停顿等表情形象，与考官真诚友好交流交谈；问题答案不强调知识的全面性、系统性，整体上就保教实践现象、问题或职业认知从 1 到 2 个角度真诚与考官谈谈自己的理解、解决问题的实践性保教知识、职业认知和办法策略，突出表达的逻辑性、原理的实践性、方法的操作性、策略的有效性、语言的清晰性即可。

（3）一般情况下，面试都是由主考官负责主持提问，有些省份地区可能会由副考官提问。

（二）第二环节：展示

【主考官指导语】下面，请根据你所抽试题及要求进行展示，准备好后请开始。时间 10 分钟。

考生就准备好的内容进行展示。

考生在展示过程中考官会及时提醒考生注意时间。如果超出规定时间，考官会提示

时间已到。

（三）第三环节：答辩

考生展示结束后，进行现场答辩。

【主考官指导语】展示结束，下面围绕你刚才的展示内容进行答辩，时间5分钟。

考官提问。一般情况主、副考官不会提问专业基本理论和基础知识，主要就考生展示内容和过程中的问题进行提问。重点考查考生的思想政治素质、职业道德素质、保教实践经验、职业理解以及对专业实践知识的运用等，对考生整个面试过程和表现进行补充性的了解、认识，从而获得比较全面、客观的立体形象，为最后打分评定提供补充依据。有时候，考官根据考生面试整体表现和考试进程情况，在展示内容中回答问题结束后，基本就能判断该考生实际能力和素质是否达到面试评定等级，故而答辩环节不会过多提问，直接结束面试。

（四）第四环节：结束

【主考官指导语】谢谢你的展示，请携带好准考证、身份证、个人物品离开考场，再见！

考生离场，主、副考官打分，最后合议，给考生一个最终分数，面试结束。

第二章 新时代幼儿园教师职业礼仪观：幼儿园教师资格面试基本礼仪

【目标导读】

• 正确理解面试考纲仪表仪态内容要求与《学前教师职业能力标准（试行）》师德践行能力中自身修养要求的关系，树立正确的面试礼仪观和教师职业礼仪观。

• 能够按照面试礼仪原则，掌握一定面试礼仪技巧，学会塑造良好的面试礼仪形象。

• 能够区分幼儿园教师资格面试礼仪与中小学教师资格面试礼仪的不同，培养规范的幼儿园教师资格面试礼仪素质。

【内容导引】

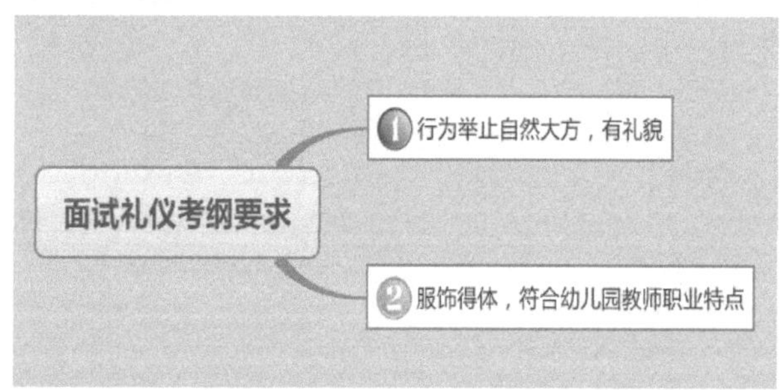

第一节　幼儿园教师资格面试礼仪

以仪表仪态为考核目标的幼儿园教师资格面试基本礼仪，主要考查考生仪容仪表、言谈举止是否符合幼儿园教师职业礼仪规范。同时，又要符合面试特定考试情境需要，要求考生具有良好考场礼仪，能够体现考生个人修养和专业综合素质，让考官感受到考生具备一名合格幼儿教师应有的素质和潜力；也充分体现着《学前教师职业能力标准（试行）》师德践行能力中加强自身修养、涵养教育情怀的要求。

一、幼儿园教师资格面试礼仪考纲解读

幼儿园教师是一种特殊的职业，教师的行为举止、着装服饰对幼儿的成长和发展影响甚大，幼儿园教师劳动的示范性、感染性和幼儿模仿的学习特点直接决定着教师必须注重自身的言谈举止和仪容仪表。

《幼儿园教师资格考试大纲（试行）（面试部分）》对幼儿园教师的仪表仪态明确要求“行为举止自然大方，有礼貌；服饰得体，符合幼儿园教师职业特点”。

（一）行为举止自然大方，有礼貌

“行为”是受思想支配表现出来的外表活动，一般有外显行为和内在行为。外显行为是可以被直接观察到的行为，如言谈举止；内在行为是不能被直接观察到的行为，如思维。一般地，可通过观察人的外显行为推测其内在行为。

“举止”是人的动作和表情，是一种不说话的“语言”，如生活中人的一抬手一投足、一颦一笑等，都能反映一个人的素质、受教育程度、与人交往的信任度等。

幼儿园教师资格面试中，考生行为举止体现着个人道德修养、文化水平，以及对幼儿园教师职业劳动的认知和态度，也关系着个人形象的塑造。淡定、从容、洒脱、规范的动作给人以清晰明快之感；端庄、含蓄又不乏活泼的行为，给人稳健、乐观、积极的印象；坦率、真诚而又善良、可亲的微笑，使人赏心悦目，好感倍增。

“自然大方”，是指不做作、不拘束、不呆板、不俗气，非受迫性的、发自内心的行为举止，即体态与行为端正、大方、自然规范。

“礼貌”，是指以言语、动作、表情表现出的恭敬、谦虚、亲和、友善，即人与人和谐相处的意念和行为，是对他人尊重与友好的体现。

（二）服饰得体，符合幼儿园教师职业特点

“服饰”，是对服装、鞋帽、发饰等装饰人体物品的总称。

“得体”，是指仪容、服饰、举止等与身份相称，恰如其分。

考纲要求“服饰得体，符合幼儿园教师职业特点”，这就要求考生面试中的服饰要与幼儿园教师身份相匹配。

在幼儿园教师资格面试中，仪表仪态又称非语言因素。考生的仪表仪态贯穿考试全过程，考生每个细小动作、表情、服饰、姿势等都在考查范围之内。考官通过观察，从“行为举止自然大方，有礼貌”和“服饰得体，符合幼儿园教师职业特点”两方面进行评定。在实际面试中，考生从敲门步入考场时自然大方的行为举止、注重礼节的言行、

符合幼儿园教师职业特点的服饰装饰又不乏个性的气质特点都会给考官极其重要的“首因效应”。当考生面试表现在合格线可上可下或与前面考生表现旗鼓相当的情况下，仪表仪态对考官的“首因效应”将对面试结果起到决定性作用，从仪表仪态考查考生是否具备一名合格幼儿园教师的基本素质或具有卓越幼儿园教师的潜力成为考官越来越重视的一个考核指标。请大家谨记：考生仪表仪态的每个细节都会引起考官的特别注意，将影响考官对考生的整体评价。细节决定成败，这一点在幼儿园教师资格面试中体现得非常明显。

二、幼儿园教师资格面试礼仪的基本原则

在平时学习和备考训练中，深刻理解并严格遵循以下基本原则，厘清面试礼仪学习中的误区，树立正确的面试礼仪观，塑造符合幼儿园教师职业特点又体现面试要求的基本礼仪。

（一）尊重友好原则

尊重是人与人交往活动中最重要的原则，也是幼儿园教师资格面试中考生与考官完成面试活动最基本的要求。就考生而言，尊重意味着对考官的尊敬、友好与重视，表现在仪容仪表、言谈举止、考场礼仪三个方面。整洁、光彩、朴素、活泼、乐观、干练、得体的仪容仪表，谈吐大方、举止文明、气质亲和、姿势手势得体规范、交往礼仪恰当友好，体现自身良好个人修养和专业综合素质是考生面试中最基本的尊重考官的表现。

（二）谦虚亲和原则

面试礼仪谦虚亲和原则主要集中于对考生言谈举止的要求，要求考生面试时态度和善、亲切，不自夸、不显摆，虚心对待答辩时考官所提问题，以自身综合素质获得考官认可。

需要强调的是，“行为举止自然大方，有礼貌；服饰得体，符合幼儿园教师职业特点”的仪表仪态，对于从事幼儿园教师工作的人来说，是必须具备的职业气质与态度，即亲和力。从心理学角度来讲，亲和力就是人与人相处时所表现的亲近行为的动力水平和能力。考生在面试中的言谈举止、仪容仪表、考场礼仪时刻洋溢着谦虚亲和力量。

（三）适度得体原则

面试中，考生无论是仪容仪表、言谈举止，还是考场礼仪都要坚持适度得体原则。仪容仪表方面，发型、妆容、服装、搭配等要符合大方、简单、和谐的要求，适度即职

业形象美。语言、表情、动作、手势、姿势、停顿等言谈举止都要注意恰当。得体即职业规范。考场敲门、问候、聆听与告别等有礼有节，不宜过于拘束也不应过于随意，应收放自如。

（四）自律宽容原则

面试中，仪容仪表、言谈举止、考场礼仪都直接体现着考生的自我要求、自我控制、自我约束、自我管理、自我检点的能力；既不斤斤计较、求全责备、咄咄逼人，又能以友好的态度面对考官。这就是自律宽容原则。

第二节　仪容仪表的职业标准

一、个人卫生规范

考生个人卫生洁净整齐是面试仪容仪表礼仪的基本要求，代表着考生的个人形象和基本的职业要求。

日常生活中考生经常洗澡、理发、修剪指甲、勤换衣物等良好的个人生活卫生习惯在面试过程中则以清洁的仪容仪表表现出来，给考官留下好的印象。考生要从以下方面做好个人卫生的规范。

（一）身体清洁

考生必须保持身体清洁，最主要的方式是勤洗澡。古代，洗澡不仅是为了个人卫生清洁，也是一种礼仪。如上朝觐见、会客等都要先焚香沐浴，以表虔诚和尊重。所以参加幼儿园教师资格面试前，最好能洗澡，以保证身体清洁。需要强调的是，一些考生有明显体味，一方面除勤洗澡外，也要注意疾病防治，及时治疗；另一方面合理运用淡香水，正确、适度使用淡香水控制体味而非香气扰人，以免适得其反，给考官留下负面印象。

（二）面部清洁

考生必须保持面部清洁。最基本的方式就是勤洗脸，使之干净清爽，无灰尘、无油污、无汗渍、无泪痕、无分泌物、无其他不洁之物。同时，洗脸必须完全彻底，“面面俱到”，脖颈、耳后、眼角、鼻孔等处都要洗到，特别注意保持眼部清洁和防护，面试时无眼屎、无睡意、不充血。修饰面容，还要注意卫生，避免因不讲卫生致使脸上经常疙疙瘩瘩，让人看了不舒服；出现痤疮、疱疹、疖子，应及时就医治疗，切忌自行处理，又挤又抓，弄得满脸伤痕，不忍目睹；也要注意处理好体毛，对看起来影响面容雅观的鼻毛、耳毛、胡须等体毛应适当遮掩或修掩。

（三）口腔清洁

考生必须保持口腔清洁。牙齿洁白，口腔无味，是仪容仪表修饰的基本要求。平时要养成早晚刷牙的良好习惯，食后漱口，以便除去异味、异物；经常采用爽口液、牙签等工具清洁牙齿，保护牙齿；面试前忌吃葱、蒜、韭菜、腐乳等具有刺鼻气味的东西，远离烟酒。

（四）头发清洁

秀美、亮泽、健康的头发，是幼儿园教师职业仪容美的标志之一。考生必须保持头发清洁。平时勤于梳洗头发，避免蓬头垢面，满头汗馊、油味，发屑随处可见而损害个人形象。参加面试前专门清理一次头发，使之干净整洁。爱掉头发或头屑过多的人，面试前应精心梳理，把头顶、脸上、衣服上、眼镜上、肩背上散落的头发、头屑清理干净。进入面考室前有意识地检查经常落发、落头屑的地方，及时进行处理。

（五）四肢清洁

考生必须保持四肢清洁。四肢包括手部和脚部。部位不同，清洁方法也不同。

手部清洁。一双保养良好、干净秀美的手往往给人美感、留下美好印象。考生首先注意手部保洁，勤洗手，注重用手卫生。其次注意手部保养，及时涂抹护手霜。最后注意手部适当修饰。如手指甲定期修剪，不留长指甲也不涂指甲油；手指皮肤粗糙、蜕皮、长藓、生疮、破损、变形等症状应及时进行护理治疗，还应避免接触他人，以免令他人产生不快甚至反感；也不应该涂画手臂，不允许在手臂上刺字、贴画、文身等；也不应让腋毛外露，女考生要特别注意这一点，面试时，最好不要穿外露腋毛的服装或者先行剃刮腋毛。

考生还要注意对脚部的清洁与适当修饰。首先，应该坚持每天勤洗脚、勤换袜子、定期洗鞋。其次，注意脚部适当修饰，不裸大腿、不赤脚、不露趾、不涂指甲油。忌光脚穿鞋或穿过于暴露脚的鞋以免给考官留下粗俗失礼的印象。勤修脚指甲，注意足跟部保养，避免出现足跟皲裂、脱皮等情况。

（六）男生胡须清洁

面考幼儿园教师的男性考生，若无特殊宗教信仰和民族习惯，不要蓄须，考试前需提前剃去胡须或修剪整齐。坚决杜绝留长胡子、八字胡或其他怪状胡子。经常修剪鼻毛，避免外露。

二、发型规范

发型是指头发经过一定的修剪、修饰后表现出来的整体形状。它是一种独特的语言，能直观地体现一个人的身份、年龄、个性、气质等特征。考生应根据自身情况，结合幼儿园教师职业特点设计发型，力求体现活泼开朗、富有朝气与活力、积极向上、大方得体的整体面试形象。

（一）女考生发型

对女考生发型基本要求是：前发不遮眼，后发不披肩。发型不夸张，不过于前卫或怪异，不剃光头。颜色为黑色即可，若有早生白发或一头杂色头发，考前应尽量将其染黑或其他自然发色。但不应过分追求发型颜色，忌染过于鲜艳、特殊的颜色，如奶奶灰、金色、红色、绿色、粉色、紫色等新潮色调。不及肩的短发比较符合幼儿园教师职业要求，但女考生原有发型多样，可根据与脸型、体形、体态和气质协调的原则设计面试发型。

1. 长发

将长直发扎成马尾（束发）或编辫或盘起，便于结构化问题面试后的专业技能演示。扎马尾、盘起时应该略高，过低会显拖沓。过多的短刘海用发卡或发胶梳起来，露出额头，长刘海梳到脑后。

2. 直短发

要斜梳，固定短刘海，露出眉毛和眼睛，耳际的头发可以放在耳后，露出耳朵，显得精神干练。直短发可有刘海式和运动式。

3. 烫发、鬈发

将蓬松的烫发或鬈发约束起来，修剪成较短刘海后稍微偏分，刘海应高于眉毛，梳洗整齐。

（二）男考生发型

对男考生发型基本要求：符合幼儿园教师形象、个人气质、不夸张。前不覆额、侧不覆耳、后不触领，忌留长发、大鬓角、光头、烫染发，头发要干净，梳理整齐。最为常见的是分头，但不要留中分的发型。

三、面部化妆规范

面部化妆是修饰仪容的一种方法，使用化妆品时要按照一定技法对自己进行修饰、装扮，以便使自己的容貌变得更加靓丽。面试时，进行适当的面部化妆是很有必要的，既是考生自尊自信的表现，也是对考官的尊重。

参加面试的考生进行面部化妆的基本要求：自然、健康、洁净、大方、淡雅并与肤色、衣服相匹配。不使用有刺激味道的化妆品，坚决杜绝浓妆艳抹。

一般地，对参加幼儿园教师资格面试的考生，建议男考生只做简单的面部修饰即可，如洁面、剃须等。女考生化淡妆，淡妆的基本标准就是淡雅和避短。包括清洁皮肤（洁面）、拍化妆水、护肤、涂敷粉底（打粉底）、画眼（画眼线、施眼影）描眉、美化鼻部、打腮红（刷腮红）、饰唇形（涂唇彩）、修正补妆（修妆）等基本步骤，切忌不分考试场合随意化妆，不重维护，残妆示人，技法错误，胡涂乱抹。

四、着装礼仪规范

着装指服饰的穿着，是构成对考官首因效应的主要因素之一。从面试礼仪来看，它不是简单的穿衣，除了遮体裹身之外，还具有美化人体、展示个人良好文化修养和独到的审美品位的作用。根据个人审美特点、幼儿园教师教育教学场景特点、面试要求，考生选择合适的服饰既是一种礼节，更是一种职业规范。

幼儿园教师资格面试着装礼仪基本要求：整洁、协调、整体性。

整洁要求参加面试的考生穿着干净整洁，切忌穿有油渍、污迹、体味、漏洞、开缝、补丁、过露、过透、过短、过紧、过艳、过异等衣服。

协调要求考生着装要根据自身年龄、发型、体形、性格、爱好、职业特点和场合等特点选择适合的服饰，着装柔和、大方、典雅，以色彩柔和淡素的职业装或色彩艳丽的休闲装、娃娃服为佳，下装长度不可太短，配以舒适、多样式的鞋子，体现和谐美感，也便于模拟演示活动，在面试中展示所长，遮掩所短。

整体性要求考生得体的着装既要体现服装样式，更要考虑整体效果。服饰的色彩、款式搭配都是面试需要注意的细节。为体现青春活泼又端庄稳重的感觉，着装可以选择一个主色调进行搭配，身上颜色不超过三种为宜。完美、和谐的整体效果更能体现出考生的职业精神。

（一）女考生着装礼仪规范

女考生参加面试着装应选择职业化的款式、色调服饰，能够恰如其分地展示幼儿园女教师活泼认真而又温婉大方的女性美。面试着装基本要求与特点如下。

1. 符合幼儿园教师职业形象要求

大方、端庄、得体、活泼是着装礼仪中最基本的要求。考生不管是选择色彩明快、鲜艳的服装还是柔和、大方、典雅的淡素服装，都必须大方、得体、端庄又富有活泼的个性气质。考生选择的着装要充分显现自己优势和长处，体现个人风采和魅力。不穿过分暴露、过分时髦、透明、短小、紧身的衣服。

2. 保证面试各项测试内容的演示

面考时的着装应遵循幼儿园保教活动的需要。面试通过演示方式突出强调基于幼儿园保教实践的弹、唱、画、跳、手工制作等专业技能以及运用上述技能开展保教活动的实践能力考查，演示过程要充分体现角色意识和良好的师幼互动（即使考场没有孩子，也要模拟和孩子一起互动），要求与孩子一起蹲、一起跑、一起跳、一起活动、一起做游戏。所以穿着舒适、简洁、方便活动的服装更有利于保证面试演示顺利完成。鞋子也应为平底鞋、软底鞋、旅游鞋、休闲鞋等，不宜穿凉鞋、高跟鞋或露趾的拖鞋等。

3. 充分考虑保教实践的卫生安全

幼儿教师职业着装在保教实践中以纯棉、高支棉或丝毛为佳，一方面考生穿着舒服，便于演示，另一方面不易产生异味。同时着装上不应有过多装饰片或串珠的配饰，以防碰到或散落时对幼儿造成安全隐患。

4. 女装款式的选择

面试时女考生可选择款式多样的两件套裙、裤套装、连衣裙、上衣配裙或裤、西服套裙，根据面试特点，兼顾个人体形、脸型和喜好，结合季节和地域（根据面试时间可分为冬装和春夏装）做出最佳选择。亦可选择活泼大方、颜色鲜艳且便于演示活动的休闲装或娃娃装。

（二）男考生着装礼仪规范

（1）休闲装、运动装、便装都是男考生的首选服装，造型以阳光、亲和为主。切忌着装与考场环境不匹配，如穿短裤、卷长裤脚、戴帽子或手套。西服在面试环节不方便演示模拟活动，故而最好不考虑。

（2）袜子主要面料和颜色的选择，应与鞋子、裤子保持协调。袜子长度适宜，保证坐下后不露皮肤和腿毛。

（3）面试中男考生应保持阳光、亲和的仪表风格，要有阳刚之气，不应过于阴柔。

五、配饰礼仪规范

配饰是装饰物，它对人的形象以及所处角色、场合能起到辅助、美化、烘托、陪衬等作用。考生参加面试时，适当戴一些配饰，可起到配饰美化、装饰的作用，但一定遵守礼仪规则和要求，以免使用不当。

（一）配饰类样

配饰主要包括手表、首饰（戒指、项链、挂件、耳环、手镯、手链、脚链、胸针、领针）、领带、丝巾、发卡、帽子、手套、包袋、眼镜及其他小饰物。

（二）配饰原则

原则上，幼儿园保教岗位工作人员上岗前都应自觉摘下装饰性的首饰、帽子、手套、包袋等，避免因佩戴首饰等分散幼儿注意力，甚至带来卫生、安全等隐患。但考虑到面试又不完全等同于保教工作过程，所以二者可以兼顾，考生参加幼儿园教师资格面试时除佩戴眼镜、手表、发卡、丝巾外，一般情况下不要佩戴饰物，尤其是首饰。个别情况下，佩戴适当的饰物有助于提升考生整体形象时，要坚持基本的身份原则（适合本人身份、性别、年龄、气质和环境等）、安全原则（符合卫生安全要求，便于保教活动组织和演示，如可佩戴短头的耳钉）等搭配原则。

第三节　言谈举止的职业标准

言谈举止，即语言规范健康，举止文明礼貌，这是一个人精神状态、文化修养、内在美和外在美融合的综合呈现。对于考生而言，面试过程中友善而热情的表情、端庄而优雅的姿态、标准而礼貌的手势、大方而有教养的举止、简练规范而又准确文雅的语言等体现个人品格、思想、学识、才智、修养以及职业形象与素质的言谈举止，往往会影响面试的最终结果。考生一定要特别注意自己在言谈举止方面的礼仪。

一、表情礼仪规范

表情，即面部表情，指眼睛、嘴、鼻子、面部肌肉以及综合运用它们所反映出的心理活动和情感状态。考生灵活运用和表达头部表情及面部表情礼仪于面试各环节，是必须塑造的个人礼仪，更是必须掌握的应试技能技巧。

（一）头部表情规范

头部表情即头部动作，也称首语，在表情达意方面的表现力较强，考生要学习掌握的头部动作有：点头、摇头、昂头、低头等，要把点头动作熟练运用到面试各环节中，形成与考官的表情对话交流以及模拟演示中与幼儿的互动交流，充分体现考生的个人修养和职业素质。

（1）点头：在不同情况下表达不同意思。有点头称是、点头会意、点头表示肯定、满意、赞赏的，也有点头微笑、点头弯腰表示致意、感谢、恭顺和客气的。

（2）摇头：表示否定、反对、阻止或不以为然，摇头吐舌、咋舌则表示惊讶、怀疑、不理解，摇头顿足则表示不满和无可奈何。

（3）昂头：昂首挺胸、昂首伸眉，表示充满信心、踌躇满志，昂首阔步体现精神振作、意气风发，昂首望天则表示目中无人。

（4）低头：俯首沉思、俯首听令、俯首低眉、低头不语等表示思考顺从或屈从，俯首帖耳表示恭顺，垂头丧气表示沮丧或丧失信心。

考生身体直立、头部端正表现自信庄重的风度，头部前倾表示聆听、倾听、同情和关心，头部侧斜表示对对方谈话感兴趣。

（二）面部表情规范

面部表情是人内心世界的晴雨表，是一个人内在情绪的外在表现，能够体现出一个人的个性特点。面试中，考官通过“察言观色”来了解考生日常待人接物、行为处事的习惯。在面试实践中，考生应重点掌握好以下面部的表情达意。

1. 目光眼神

亲切有神的目光是幼儿园教师资格面试中考生与考官交流、演示环节模拟师幼互动中最常用、最基本的眼语。考生镇定的眼神让考官感受到自信，考生信任的眼神让考官感受到真诚和欣赏，亲切的眼神让考官感受到和善友好。在面试实践中，考生应掌握一定的目光技巧和注视方式，将目光注视在一定区域内完成与考官的交流以及面试各项测试。

（1）面试中常用的注视方式。

①直视：是指直接地注视交往对象，表示对对方的认真、尊重。若直视对方双眼，则称为对视。对视表明自己大方、坦诚或是关注对方。在面试中考生在回答问题环节、演示环节、答辩环节均可直视考官，坦诚地就所问保教实践问题与考官进行真挚交流。

②凝视：凝视是直视的一种特殊情况，即全神贯注地进行注视，多用于表示专注、恭敬。在面试中回答规定问题听考官读问题时、演示和答辩环节考官提问时多用凝视，既是对考官的恭敬，更重要的是专注倾听有助于理解问题。

③扫视：是指视线移来移去，注视时上下左右反复打量，表示好奇、吃惊或挑剔等。在面试中模拟演示师幼互动中灵活运用扫视，表达模拟中教师对幼儿表现感到好奇的回应。但应掌握好使用频率，不宜多用。

④环视：是指有节奏地注视不同的人或事物，表示认真、重视。适用于同时与多人打交道时表示自己“一视同仁”的态度。在面试中，考生步入面考室后可采用环视的方式迅速观察考场，确认自己面试的空间范围；与三位考官打照面时掌握好环视力度，问候考官，做好面试准备；主要在演示环节模拟师幼互动时多使用环视，表达对每个幼儿的关注，在回答问题和答辩环节回答中或结束时也要环视考官。

（2）面试中常用的注视区域。

一般而言，注视区域主要有三个。

①上三角区：是以双眼为底线，额中为顶点所构成的三角区，又称公务型注视区，代表态度庄重严肃，能深刻影响对方交流的情绪。在面试中主要是在回答严肃性问题时，结合直视和凝视，视线接触在考官的上三角区，掌握回答问题的主动权。

②中三角区：是以两眼为上线，唇心为下点所形成的倒三角区，又称社交型注视区，代表尊重、坦诚、亲切、问候且自信，给人一种平等、轻松感。在面试中，考生问候考官、回答规定问题、演示环节回答问题、答辩环节中结合直视、凝视、环视，主要采用中三角区接触考官，与考官坦诚、友好地交流保教实践问题。

③下三角区：是以唇心到胸部之间的亲密注视区域。这一区域表示亲近、友善。在面试中，主要在演示环节模拟师幼互动过程中考生以站姿演示时，目光注视考官下三角区。如果考生以蹲或坐小椅子进行演示时，结合环视，眼光只需平视前方即可。

（3）面试中正确运用目光技巧。

①控制好时间：面试时用每种注视方式注视考官目光区域的时间不宜过长，结合面试过程，控制好时间，灵活运用注视方式和区域。

②把握好区域：在面试各环节回答问题时应注视对方的眼睛和面部，以示对考官的尊重和友好交流。模拟演示师幼互动时，要根据不同的演示姿势，把握好注视区域，体现师幼之间的平等、友好、亲切交流互动。

当听完问题需略加思考或心理比较紧张时可将目光移开，给自己一定时间思考或调整。

③掌握好角度：面试中的各个环节，尽量以平视结合仰视、侧视为主要角度，体现对考官的尊重、友好交流，与幼儿平等、和善地互动。

2. 微笑规范

在幼儿园保教实践中，教师坚持微笑迎送与接待，是自身自信的显现，是个人礼仪修养的充分体现，是与人和睦相处的能力表现，是身心健康的标志，更是热情大方、亲切友善、关爱孩子的有效表达方式，让家长放心，让孩子亲近，让同事悦目。

在幼儿园教师资格面试中，微笑是非常重要的态势语，也是考生基本职业素质要求——亲和力的直接体现。当考生面带微笑步入面考室时，会给考官一种积极乐观、阳光向上的印象，考官也会被考生愉快的心情感染，营造出愉悦、轻松、友好的氛围，这不仅有利于考生更好地展示自己的风采，也有利于提高考生面试成绩。考生可从以下方面规范微笑。

（1）微笑适度。

考生与考官一般都是初次见面，应亲切微笑，面带笑意，笑不露齿；与考官交流时应保持温馨的微笑，嘴角微微上扬，稍微露齿，让考官感觉到尊重、友善、亲切与热情；模拟演示师幼互动时应露出愉快的、关爱的、亲切的、信赖的微笑，自然露出牙齿，表达对幼儿真挚的喜欢和爱。

（2）表里如一。

保持良好心境和情绪，让自己的笑容与举止、谈吐相辅相成，特别在模拟师幼互动中表达出发自内心的、自然的、真心的喜爱幼儿的微笑，这能让考官深深地被考生表里如一的微笑感染。切忌刻意做作或勉强地笑、皮笑肉不笑，避免给他人造成尴尬的心理感受。

（3）气质优雅。

真正的微笑既要发自内心的、善意的、真诚的，也要讲究微笑时神态自然、得体，精神饱满，气质典雅，这样才能自然表达考生的文化修养和精神追求。

（4）整体协调。

面含微笑时，还须注意面部其他部位的相互配合，使自己眉、眼、鼻、口、齿以及面部肌肉和声音协调配合，微笑的同时，双眼睁大且目光柔和，眉头舒展，眉毛微微上扬，似“眉开眼笑”。

（5）重视适宜。

即注意区分场合，考生面带笑容，也要注意区分场合。在面考中，考生要根据面考测试内容、具体问题随时调整自己的状态，如回答规定问题环节时问题是比较严肃的保教问题（如虐童事件），面部表情也应是严肃的，体现出感同身受的情绪；又如答辩环节遇到一些不好回答或不方便回答的问题时，轻轻一笑不做回答更是一种有效、得体的应对方式。

二、语言礼仪规范

幼儿园教师资格面试主要是考生与考官进行语言交流的过程。考生良好的语言理解和表达能力、声音、形象等不但可以推进面试的顺利进行，也能加深与考官之间的交流，使考官全面了解考生的专业能力和素养，有助于面试最后取得好成绩。所以，考生一定要高度重视面考的语言礼仪规范。

（一）普通话标准，表达准确

标准普通话既是幼儿园教师的工作语言，也是参加教师资格考试的面试语言。面试过程中，考生有一口流利而标准的普通话，会给考官留下良好印象。考生在考试前应加强面试语言练习，做到吐字清晰、语音规范、表达准确。

吐字是发音的重要一环，通过清晰、圆润的吐字来传情达意。考生要加强吐字器官的（唇、齿、舌）训练，做到准确发音。训练时舌的活动幅度比日常口语发音时大一些，要适当打开牙关。普通话的发声大部分音节依靠的是舌的发音，舌的弹动力强，声母就会发音清晰、准确。唇是字音的出口，对控制吐字质量作用大，强化唇的收缩力练习，有效集中声音。唇、齿、舌是语音系统整体，三者相互协调才能使发音清晰准确。

此外，在发音练习中，一定要加强矫治方言对正确发音的影响。

（二）语言简洁，语速适中

简练的语言会给考官留下一种干净利落的印象，加深考官对考生的语言形象，在说话时要注意以下两点。

第一，内容表达要简练。在面试中，回答规定问题时快速抓住要点和关键，正确理解题意，迅速提炼问题核心指向，语速适中、语气语调与问题适宜，言简意赅地以“说”的方式，与考官口语式交流对保教问题的见解。在模拟师幼互动演示环节和答辩环节中做到说话有中心，抓住关键点，用词准确恰当，避免重复相同意思，掌握用最简短的话来表达最核心的意思。

第二，言语表达要精练。在面试中，避免所要表达内容和词句的重复，让考官获取不到想要表达的核心思想，甚至产生厌烦情绪。同时纠正口头禅，养成精练表达语言的良好习惯。

（三）正确称呼，礼貌真诚

在面试中，用良好的声音形象和语言礼仪，结合目光注视方式，传递出尊重、友好、真诚的面试态度。如进入考场后问候考官，可以直接问候“各位考官好”，离场时“各位考官辛苦了”。当考官问问题时，考生应注意倾听，捕捉核心信息，正确理解题意，考官未说完绝不能打断考官。考官读题或提问完毕后，若未听清楚题目，可请求考官再读或再说一遍“对不起，我没听清楚，可否请您再读一次或再说一次”。如果考官对考生的回答提出意见，结合凝视的表情方式，一定要虚心倾听，真诚请教，尊重考官意见，切忌傲慢无理、强词夺理、抢断考官提问急于回答等。当主要和一个考官交谈时也要注意与在场其他考官的沟通，可采用环视的注视方式，关注其他考官，与三位考官形成良好的眼神、言语的互动交流。切忌做出东张西望、六神无主、玩弄指甲、摆弄衣角、挠痒痒、抓头发等失礼动作，影响自己的面试形象。

三、举止礼仪规范

举止是一种无声的语言，俗称态势语，又称第二语言，它是反映个人修养的镜子，也是构成个人外在美的主要因素。不同举止显示个人不同的精神状态和文化教养。幼儿园教师资格面试中的态势语主要包括站姿、坐姿、行姿、蹲姿、手势等，应自然规范，亲切活泼。

（一）站姿规范

在面试中，站姿是使用时间较长的态势语，可集中体现考生的自信与能力，也是影响面试结果的重要因素。考生需要掌握基本的站姿规范：站立自然，抬头挺胸拔颈，微收下颌，收腹沉肩，两手自然下垂或自然双握放置丹田（小腹），双腿并拢，双脚略微丁字步或并拢，目视前方，面带微笑。具体要求是：

1. 头部

抬头，头顶平，双目向前平视，嘴角微闭，下颌微收，动作自然平和。

2. 颈肩部

颈脖挺拔，双肩平行、舒展微沉、向后打开，有挺拔向上的感觉。

3. 双臂

双臂自然下垂或放置于腹部，手指自然弯曲。

4. 身躯

躯干直立，身体重心在两脚之间，做到挺胸、收腹、立腰。

5. 双腿

双腿直立，两脚跟并拢，两脚尖张开在40° ～50° 。

忌双手抱胸前、靠墙、歪斜、双手插在口袋里等不适宜、不规范站姿。

6. 考生常用站姿

女考生身体直立，抬头挺胸，双目平视前方，面对微笑，嘴微闭，下颌微收。两腿并拢，膝关节用力挺直。脚跟相靠，双脚呈“Ⅱ”形、“V”形或“丁”字形。两手臂自然下垂于体侧，手指自然弯曲或右手搭在左手上，或右手握住左手，轻贴于腹前。演示环节站姿在上述基础上根据自己身高、体重特点，身体前倾15° ～30° ，尽量与幼儿保持平视。

男考生身体直立，抬头挺胸，双目平视前方，面对微笑，嘴微闭，下颌微收。两腿并拢，膝关节用力挺直，两腿、两脚微分开，呈“Ⅱ”形或“V”形。两手臂自然下垂于体侧，手指自然弯曲或右手搭在左手上，或右手握住左手，轻贴于腹前。演示环节站姿在上述基础上身体适当前倾，尽量与幼儿保持平视。

（二）坐姿规范

在面试中，一般在弹唱歌曲、现场绘画以及现场模拟组织活动演示时会需要坐姿。因三种情况中凳子高低不同，坐姿具体要求也不尽相同。弹唱歌曲坐姿在第七章会做具体介绍，这里仅强调一下女考生在现场绘画和现场模拟组织活动的演示中对坐姿的要求。

1. 现场绘画坐姿

现场绘画坐姿与一般的书写坐姿相差不大，现场一般提供学生课桌椅，在正常书写坐姿基础上，按照脚的姿势，一般常用以下几种坐姿。

（1）“丁”字步：双脚并拢，左脚在左侧前，脚跟置于右脚脚弓处，反方向亦然。

（2）“八”字步：双膝并拢，脚跟相靠，脚尖分开，呈“八”字形。

（3）前后步：双膝并拢，右脚向前伸，左脚向后撤。两脚一前一后近乎在一条直线上，反方向亦然。

（4）索步：双膝并拢，双脚在踝关节处交叉。

（5）掖步：两小腿同时向左或向右倾放，双腿紧靠。

2. 模拟组织活动坐姿

充分利用面考室现场提供的幼儿小椅子，进行演示。

（1）入座。

考生应轻缓地步行到座位前，转身后将右脚向后撤半步，两膝并拢的同时上身前倾，向下轻稳落座，然后将右脚与左脚并齐，上体自然挺直，头正，表情自然亲切，目光柔和平视，嘴微闭，两肩平正放松，双手放在双腿上，掌心向下，两脚平落地面。如果穿的裙装，落座时用双手在后边从上往下将裙子整理一下，防止裙子被坐住后，使大腿部裸露过多。

（2）坐姿。

模拟面对幼儿端坐，身体坐在椅子中间，坐在整个椅子的三分之一到三分之二处，上身与椅背平行，上身正直，两腿并拢，双臂自然弯曲，双手自然摆放或左手搭右手放置膝盖上。女考生可将左手搭在右手上（反之亦然，以考生自己习惯为准），两手交叉叠放在腿上，并靠近小腹，两膝并拢，小腿垂直于地面，两脚保持并拢。男考生双手掌心向下自然地放在膝上即可。

（3）离座。

起立时右脚先后收半步，然后站起。起身离座时动作轻缓，无声无息，从左离开，尤其避免“拖泥带水”，弄响座椅。

（三）行姿规范

行姿是人体行进中所呈现出的一种动态美，是站姿的延续。面试过程中正确的行姿会给考官一种动态美，通常是最引人注目的身体语言，也能很好地展示考生的风度和活力。考生须掌握行姿的基本要求有：

（1）以正确站姿为基础，正确行走。行走时，保持身体挺直，目光平视前方，姿态端正，自然微笑，切忌弯腰弓背，摇头晃肩，左顾右盼。

（2）起步时，身体向前略倾，用腰力走路，身体重心有意识落在前脚掌上，步伐从容自定。

（3）行走时，提臀、提气，步态轻盈，使全身从正面看犹如一条直线（男考生）或一条 S 曲线（女考生），显示造型美。切忌行走时出现左右摇摆、迈步过大过小、浑身僵硬、走外八字或内八字、敞开衣襟等情况。

（四）蹲姿规范

蹲姿是一种人的身体处于静态时的特殊体位。一个人的蹲姿是否文雅、美观会直接影响到与他人的交往效果。在幼儿园教师资格面试演示环节中，使用频率较高，也是区别于中小学教师资格面试举止礼仪的具体方面。

在面试演示环节中，采用蹲姿，是为了降低考生高度使之模拟与幼儿保持同样高度，看着幼儿眼睛说话，与幼儿积极互动，体现师幼之间平等、亲切、民主平等的关系。

面试中常用的蹲姿有：

1. 高低式

左脚在前，右脚在后。左脚完全着地，右脚跟提起，右膝低于左膝，右腿左侧可靠于左小腿内侧，形成左膝高右膝低的姿势。臀部向下，上身微微前倾，用左腿支撑身体。女考生并拢双腿，男考生可适度分开。这是最常用的蹲姿，便于日常操作，也是造型优美的一种蹲姿。男考生和穿裤装的女考生可采用此式。

2. 交叉式

下蹲时，右脚在前，左脚靠后。右腿在上，左脚在下，交叉重叠。右小腿垂直于地面，全脚着地。左膝由右腿后下方伸向右侧，左脚脚掌着地，脚跟抬起。两腿前后紧靠，呈双腿交叉姿态，合力支撑身体。臀部向下，上体微微前倾。此方式主要适用于女考生，特别是穿短裙的女考生。

3. 半蹲式

下蹲时，双膝略微弯曲，身体稍许前倾、臀部向下。身体呈半立半蹲的姿态。身体重心放在一条腿上，两腿之间不宜分开过大。此方式主要在行进之中，模拟关注幼儿自主活动时使用。

4. 半跪式

下蹲后，一条腿单膝点地，脚尖着地，臀部坐在其脚跟上。另一条腿则全脚着地，小腿垂直于地面。两腿呈一蹲一跪的姿态。双膝向外，双腿尽力靠拢。此方式可与半蹲式交替使用，缓解因一种姿势下蹲时间过长而造成身体不适和体力不支的情况。

（五）手势规范

手是传情达意的重要手段和工具，手势语是幼儿园教师运用最普遍、最典型、最具表现力的态势语。在面试时，考生适度、规范地运用手势能够给人一种优雅大方、彬彬有礼的个人形象和良好专业素质的表达效果。特别是在模拟演示环节，伴随模拟活动进程，恰当、得体、自然地运用手势向考官具体形象地展示指导幼儿活动，呈现师幼互动，可体现出考生一定的保教能力。

1. 手势的基本要求

（1）表达尊重。

在面试模拟师幼互动环节中，在指示方向、引导、递接物品时，采用掌心向上、五指并拢、摊开手掌的手势，考生应自觉规范地运用手势动作，以表达对幼儿的尊重。

（2）运用准确。

在面试模拟师幼互动环节中，手势使用要准确，符合活动内容和情境，使用的手势与表达的意思应一致。如鼓掌表示欢迎、鼓励、祝贺、喝彩，但鼓掌不宜用力过猛或长时间缓慢不停，以免有起哄、捣乱、故意挑逗之嫌；竖大拇指表示点赞、表扬幼儿等。手势要适度舒展，多用融合的曲线手势，既不过分单调，也不过分繁杂。

（3）使用适度。

在面试中，一定要根据与考官交谈内容、模拟活动内容，选择辅助手势，更好地表情达意。手势动作幅度范围一般高不过头部，低不下腰部，横向不超过 80 厘米。但手势动作不宜过大，不宜手舞足蹈，使用频率不宜过高，还要避免手势与语言、身体动作、表情的不协调，以免有装腔作势之感。

2. 常见手势

在面试中，考生需要掌握和运用的手势有：

（1）情绪性手势。

在模拟师幼互动中使用一些情绪手势，传递感情，流露态度。如拍手表示欢迎、鼓励或表扬幼儿。

（2）象形性手势。

在模拟师幼互动中，可使用一些象形性手势，帮助幼儿理解抽象概念或事物。如双手合成一个圆圈来描述圆形；在结合动作示范讲解游戏规则中，用具体形象的图形或假象的比画游戏材料帮助幼儿理解游戏规则等。这样的表述更加生动、形象，便于幼儿理解和认知。这在面试讲解活动的演示中经常使用到。

（3）象征性手势。

在模拟师幼互动中，考生还会使用一些象征性手势，表达一些抽象事物或概念。如紧握拳头，用力上举，表示“我们一定会成功”；伸开双臂向前围成半圆，表示拥抱等。

（4）示意性手势。

在面试中，除了运用上述手势外，考生使用频率最高的便是示意性手势。如竖起大拇指表示“你真棒”等。

第四节　考场礼仪的职业标准

面试礼仪在幼儿园教师资格面试中越来越受到考官的重视。得当的礼仪，可以为考生整体形象加分。下面介绍关于面试中的考场礼仪。

一、考场敲门礼仪规范

20 分钟备考室备考结束后，在现场考务人员引导下，考生进入面考室，开始准备面试。考场敲门是考生与考官交流的第一个环节。

（一）敲门的指法

考生应将右手食指或者中指弯曲后敲门，不要用多个手指或手掌、手背用力拍打。

（二）敲门的节奏

考生面带微笑，敲三下，相当于“有人吗”“我可以进来吗”的意思。“咚咚咚”之间间隔为0.3～0.5秒，太快会让人感到心烦，太慢会给人散漫、不自信的感觉。敲两下，表示自己与对方比较熟悉，相当于“你好”“我进来了”的意思，如果敲四下以上会让人觉得很不礼貌，故而一般在进入面考室前先敲三下门，待考官应答后进入面考室。

（三）敲门的力度

敲门力度应适中，要坚定并有一定力度。力度太大会让考官受到惊吓，给考官粗鲁、缺乏礼教的感觉；力度太小，会让考官感觉考生胆子小、过于紧张等。

（四）敲门后的等待

敲门后要等待考官应答。如果没听到考官说“请进”口令，考生应等待 3 秒左右再次敲门，声音适度提高一点。如果还未听到考官应答，则可以 3 秒后推门进入。

（五）进门

考生微笑着推门进入后，利用最短的时间快速地环视面考室环境，看清面考官位置，确定自己演示的区域及站立位置、钢琴位置、绘画桌椅位置、面考材料位置等，然后轻轻转身关门。

（六）关门

无论考生进来之前门是开着还是关着，考生进入面考室后都要关门，这体现了考生修养，也是面试后续进行的环境保障。关门时声音不能太大，可用手扶着门柄关门。关门时尽量避免整个背部正对考官。如果门上是碰锁，最好先旋起锁舌，关上门后，再放开，注意轻轻关门，以免声音过大惊吓或干扰考官。

（七）放置随身携带物品

关门之后，考生轻轻转身将自己随身携带的小包、外衣等物品放置在门口或靠近门口的桌子上或考场指定的区域，拿好准考证、身份证、试题清单、备课纸和备考作品，缓慢转身微笑着走向考官。

二、考场问候礼仪规范

考生面带微笑，以规范的行姿走向考官，按照以下程序问候考官。

（一）验核信息

考生面带微笑，双手将准考证、身份证、试题清单、备课纸和备考作品递给三位考官，进行考生身份核实和确认。

（二）确位问候

考生递交上述考试信息材料后，自行后退至距考官 3.6 米左右处的前中央位置，面向考官，以标准站姿站定后，主动向考官问好。

一般的问候方式是先问好再行鞠躬礼。问候语为“各位考官，上午好 / 下午好！”或“考官好”或“各位考官好”，切忌啰唆、口误。

三、考场聆听与告别礼仪规范

考生问候考官以后，站在原地，一边采用环视和余光快速微调自己的位置，尽量与考官保持适宜的空间距离，避免离得太近让考官感觉到不适，离得太远让考官感觉交流不便。一边耐心等待考官指示语和提问，如“考生，你好，欢迎参加面试，本次面试程序如下，请你先回答两个规定问题……”，考生认真聆听并作答，或给予适当回应。面试结束，考生礼貌地告别，带好准考证、身份证（谨记勿将试题清单、备课纸和备考作品自行带离考场）以及其他随身物品离开考场。下面简要介绍一下聆听礼仪和告别礼仪。

（一）聆听礼仪

1. 专注有礼

当考官向你提问或介绍情况时，可采用直视和凝视互换的方式注视考官，适当采用环视兼顾其他两位考官，赞许地点头，表示在认真聆听。

2. 有所反应

要不时地通过表情、手势、点头等必要的附和，向考官表示你在认真地聆听，根据考官的提问或指示语，予以适当的作答或回应，以示你对提问或指示的理解。

3. 有所收获

聆听是捕捉信息、处理信息的过程。考生一定要通过专注的聆听及时有效地收集、处理考官发出的信息，正确理解题意，获取大脑记忆中已有的知识信息，及时加工，再认再现问题本身价值指向。

4. 有所判断

聆听时一定要仔细地、认真地品味考官的话或所说问题中的言外之意、弦外之音以及蕴含的微妙情感，细细咀嚼，正确判断其想法或意图。

（二）告别礼仪

当考官提示语告知“本次面考结束”时，考生应该面部保持微笑，真诚地说一声：“考官 / 各位考官，辛苦了！”然后以标准站姿站好，行 30° 鞠躬礼，道一声：“各位考官，再见！”带好自己随身物品，离开考场，考生面试结束。

第五节 本章小结

一、面试礼仪常见问题诊断

（一）对个人仪容卫生不够重视

面部皮肤有污垢、身上有异味、头发油腻有头屑、眼角有分泌物堆积、戴眼镜者镜片脏污、说话时口腔有异味、指甲过长且涂抹过于鲜艳的指甲油、衣服裤子陈旧脏污、面部浓妆艳抹等个人仪容仪表卫生达不到职业规范要求。

（二）面试着装礼仪与幼儿园教师职业要求不符

女考生穿短裙、高跟鞋、秋季面试时穿厚重冬装面试、围厚围巾、衣服颜色过艳、搭配杂乱、过分追求时尚的奇装异服、牛仔裤开缝或漏破洞、衣服太贴身太暴露等，男考生穿西服或追求个性的时尚衣服等，这些都有悖于幼儿园教师职业劳动特点的要求，也不利于面试演示环节中诸如组织游戏活动、表演、游戏等内容的顺利展示，影响面试的正常进行。

（三）表情形象有待加强塑造

低头、目光不敢正视考官，眼神飘忽不定，眼睛转动太快或太慢，回答问题时眼睛盯着考官正背后远处点等问题较多，缺乏有效的与考官的眼神交流。

面部肌肉僵硬而不会微笑，过度紧张而不笑，爱笑过头而失笑，发自内心喜爱孩子的微笑缺失等现象比较常见。

（四）语言表达缺乏简练文雅

普通话不标准，方言浓厚，语言表达啰嗦冗长，词不达意，语速过快等现象比较普遍。

（五）举止礼仪有待强化

站姿不标准，缺少精气神，频繁变换体位，头歪、斜肩、弓背、挺腹、身体晃动等不良站姿现象比较常见。

模拟师幼互动演示环节缺少充分利用幼儿小椅子模拟组织活动的优雅坐姿。

模拟师幼活动演示环节缺少与幼儿平等相待的得体蹲姿。

回答问题和模拟演示环节缺少标准规范的手势。

考场礼仪意识淡薄，聆听和回应能力不强。

二、面试礼仪能力训练

（一）微笑的练习方法

1. 理疗法

考生先进行额部肌肉收缩，使眉位提高，眉毛略微弯曲成弯月形。然后两侧面颊上的笑肌进行收缩，并稍微向下拉伸，使面部肌肉看上去显出笑意。接着，唇部肌肉进行配合，唇形稍微弯曲，嘴角稍稍上提，双唇关闭，露出牙齿。最后，自觉地控制发声系统，一般不应发出笑声。微笑除了注意口型外，还应注意与面部其他部位的配合，尤其是让眼神中含有笑意。面部表情整体协调形成自然、甜美的微笑。每次练习20～30分钟，配上音乐，以减轻疲劳。

2. 照镜法

考生对着镜子，放松面部肌肉，然后对着镜子自然地说："E—""茄子"，渐进式舒展面部肌肉，让双唇展开，两腮肌肉向后端收缩，面部肌肉提升，使眉、眼、面部肌肉、口型在笑时达到和谐统一，自我感觉自然、大方为宜，并反复练习。每次练习20～30分钟，配上音乐，以减轻疲劳。

3. 诱导法

考生深呼吸，稳定情绪，发挥想象力，回忆美好的或让自己开心的事情，或展望美好未来的画面，从内心自然地发出微笑。每次练习20～30分钟，配上音乐，以减轻疲劳。

（二）正确运用眼神的技巧

在面试中，与考官、与模拟师幼互动中幼儿的眼神交流是极其重要的。若不具备眼神交流的技巧，会明显影响面试中与考官的交流。

1. 控制好时间

面试交流中，注视考官或模拟师幼互动中幼儿的时间长短要适宜。考生是第一次与考官交流，所以不宜长时间注视考官的眼睛，以直视、凝视为主要注视方式，同时结合环视与考官进行眼神交流，不要只注视一个考官，也要顾及与其他考官的交流，创设尊重、信任、平等、一视同仁的交流氛围。模拟师幼互动中注视幼儿的时间可以长些，注意多种注视方式的灵活运用以及与微笑、言谈举止的协调，体现良好的师幼互动。

2. 把握好区域

面试中，与考官、模拟师幼互动中幼儿交流时，应注视对方的眼睛或面部，以公务型注视区和社交型注视区为主，表示对对方的尊重、重视、信任，以及对问题和活动的兴趣。在洞察获知对方真实心态或想法时，将自己真实感受坦露给对方，以便真诚地互动交流。

3. 掌握好角度

面试中，与考官眼神交流时，不要站在高处自上而下地俯视。因为俯视带有权威感、优越感，宽容、诲人之意，显然这在面试中是本末倒置，也是极其失礼的注视。应以平视、仰视为主，赢得考官好感。

与模拟师幼活动中幼儿交流时以平视、侧视为主的眼神与幼儿交流，体现师幼民主的、平等的、互动的、双主体的师幼交往关系和交往过程，提高保教活动的互动性。

（三）站姿训练

1. 顶书训练

在平时练习站姿时考生可把书放在头顶中心，使头、躯体保持平衡，防止书掉下来。这种方法可以纠正考生的低头、仰脸、歪头、晃头及左顾右盼等问题。每次练习20～30分钟，配上音乐，以减轻疲劳。

2. 背靠背

考生找个学习小伙伴，两人一组，背靠背站立，两人头部、肩部、臀部、小腿、脚跟紧靠，并在两人的肩部、小腿部相靠处各放一张卡片，不能让其滑动或落下。这种训练方法可使考生的后脑、肩部、臀部、小腿、脚跟保持在一个水平面上，使之有一个比较完美的后身。每次练习20～30分钟，配上音乐，以减轻疲劳。

3. 对镜训练

考生面对镜面，检查自己站姿及整体形象，观察是否歪头、斜肩、含胸、驼背、弯腿等，发现问题及时纠正、调整。每次练习20～30分钟，配上音乐，以减轻疲劳。

4. 背靠墙

考生将身体背靠墙站好，尽可能使自己后脑、肩部、腰部、臀部、脚跟部都能与墙壁紧密接触。用这种训练方法能够练习正确的站姿。每次练习20～30分钟，配上音乐，以减轻疲劳。

（四）行姿训练

1. 双肩双臂摆动训练

考生身体直立，双臂前后自然摆动。注意摆幅适度，纠正双肩过于僵硬、双臂左右摆动的毛病。每次练习20～30分钟，配上音乐，以减轻疲劳。

2. 步位步幅训练

考生在地上画一条直线，行走时检查自己的步位和步幅是否正确，纠正“外八字”“内八字”及脚步过大、过小的问题。每次练习 20 ～ 30 分钟，配上音乐，以减轻疲劳。

3. 顶书训练

考生将书本置于头顶，保持直立行走，头正、颈直、目不斜视，可纠正走路摇头晃脑、东张西望的问题。每次练习 20 ～ 30 分钟，配上音乐，以减轻疲劳。

4. 综合训练

考生在训练行走时应注意动作的协调，双肩摆动要对称，掌握好走路时的速度、间歇，保持身体平衡。每次练习 20 ～ 30 分钟，配上音乐，以减轻疲劳。

第三章 基于国家标准的入职资质面试场所与准备事项解读：面试前准备

【目标导读】

• 熟悉面试前准备的程序、内容、常见问题以及注意事项。

• 掌握备考室备考的重点、难点，理解备考室备考是影响整个面试质量的重要前提和基本环节。

• 激发学习兴趣，树立正确面试观。

【内容导引】

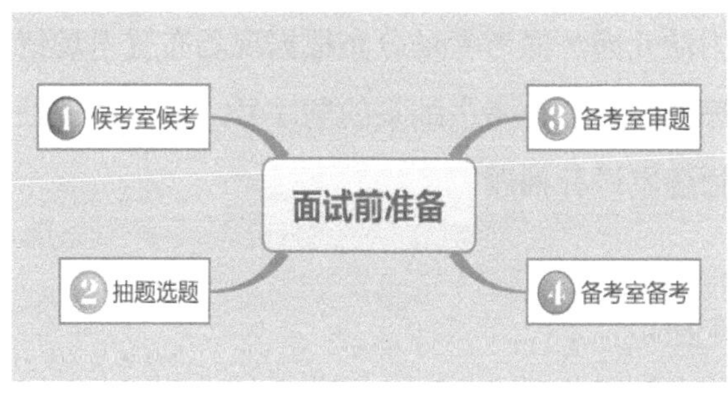

第一节　候考室候考

一、进入候考室

考生持面试准考证、身份证，按照准考证规定的时间准时进入考点候考室候考。候考室主要任务有三项：一是考生熟悉考场环境，执行考试纪律，放松心情，消除紧张情绪，树立良好应试心态；二是现场考务人员点名，考生确认签到，确定考生抽题序号，为抽题选题做好准备；三是抽题选题。

考生进入候考室一般流程：

1. 考生进场

考生持本人准考证、第二代居民身份证进入候考室。严格禁止考生将手机等禁带物品带入候考室。

2. 诚信教育

宣读《面试考生守则》《国家教育考试违规处理办法（摘录）》和注意事项，发放《面试程序》，提醒考生按照规定程序和要求参加面试，以及不得携带任何教材进入抽题室、备课室、面试室。

3. 身份核验与资格审查

逐一核验考生的准考证、身份证等材料原件，以及面试考点、考试时段、报考学段、报考科目等信息是否与本时段考生清单相符合，组织考生签到，记录缺考考生名单。

4. 分组抽签

按照考生报考学段、报考科目以及面试室设置等情况，对考生进行分组（报考学段为幼儿园，报考学科为幼儿园，面考考场分布根据现场布置考场情况进行分组），组织各组考生进行面试顺序抽签，登记考生抽签的顺序号，发放考生抽签顺序号牌，依照号牌顺序引导考生进入抽题室进行抽题。

5. 维持秩序

维持候考室考试纪律。

二、抽题选题

幼儿园教师资格考试面试中，考生按照自己的抽题序号，在现场考务人员的组织下，登录计算机面试测评系统，从试题库中一次性随机抽取两道试题，经考生阅读后确定其中一道作为面试考题，考务人员现场直接从系统打印考试清单，领取备课纸，完成候考。

考生抽题选题基本步骤：

1. 登录进入系统

现场抽题考务人员登录抽题账号（系统默认为：chouti 密码：0），点击【确定】进入中小学教师资格面试测评系统。

2. 输入考生信息

随后进入带有【准考证号】【手机号】【身份证号】三个标题栏的页面，现场抽题考务人员选择其中之一，点击后输入该考生相应号码信息，点击【确认】按钮。

3. 核对考生信息

考生在现场抽题考务人员的引导下在现场计算机屏幕前确认本人基本信息，包括照片、准考证号、考生姓名、证件号码、考试科目、手机号码。在确定考生上述基本信息正确无误后，点击【确认】按钮。

4. 抽取考题

现场抽题，计算机屏幕随后显示2道考题（中学和小学类别由系统直接抽取1道题目）。

★注意：时间倒计时1分钟结束后，会提示："时间已到，请尽快选择题目！"但不会影响考生正常操作。

考生选择题目后系统会自动为该考生选择一个考场，抽题人员点击【确认】按钮。

★注意：如果此时管理员后台关闭了"自动分配考场开关"，则需要抽题人员选择一个考场。

5. 打印考题

随后进入打印考题页面。此页面为考生抽题结果的确认页面，包括考生身份证号、准考证号、考生姓名、考试科目、报考类别、抽题时间、面试考场，以及抽到的试题内容（由题目、内容和基本要求构成）。现场抽题考务人员让考生确认最后的抽题结果，确认无误后点击【打印考题】按钮，生成一个单独页面，然后点击标题栏中的打印标志打印该考题。至此，考生抽题完毕。

当出现特殊情况，需要"重新打印考题""重新抽题"或"修改考生考场"时，现场抽题考务人员再次录入考生信息，点击【确认】按钮后，系统会自动判断并弹出呈现【查看】【重抽】【修改考场】【返回】按钮和相应四个按钮操作功能说明框的页面。

【查看】可以查看考生信息及所抽题目，并且支持重新打印。

【重抽】为考生进行重新抽题。抽题次数不得超过2次（不含正常1次抽题）。如超出限定次数，省级考试机构须向教育部考试中心申请重抽授权，并同时说明有关情况。每次授权限抽取1次。

【修改考场】为考生修改当前考场。

★注意：重新抽题或修改考场后，需打印新备课纸。如果更换了考场，需及时提醒考生到新考场参加面试。

第二节　备考室备考

考生须携带考试清单（又称试题页）、备课纸、准考证、身份证等考试材料、证件从候考室步行进入备考室，开始备考，时间为20分钟。

一、备考室审题

这是整个面试备考开始的第一步，也是影响整个面试质量的前提和基础。

备考室开始备考，考生首要任务就是阅读试题页，正确理解题意。严格来说，面试展示试题采用结构化命制，一般是由题目、内容、基本要求、主要考核目标、参考评分说明五部分构成。考生试题清单一般呈现题目、内容和基本要求三部分，题目阐释了考题所属的专业实践知识范围，内容进一步明确了考生面考要完成的任务与考查方式，要求考生完成面考任务所要达到的专业动作、技能、技巧、方法、保教实践知识、能力和素质等。

需要说明的是，幼儿园教师资格面试与中小学教师资格面试有很大不同。中小学教师资格考试面试内容以学科为主，面试主要方式是试讲，而幼儿教师资格面试内容以弹、唱、画、跳、讲故事、手工制作、游戏规则示范讲解等专业技能测试和幼儿游戏、儿歌（曲）等活动片段组织等为主，面试方式以专业技能和活动片段保教能力展示为主，辅助于模拟组织幼儿游戏活动、领域活动试讲。换言之，考生在审题时，一定要明确试题清单上的内容有几项，就是面试任务有几项，每项内容中的关键动词就是面试方式。在面试方式中按照什么要求完成面试，达到合格及以上结果，基本要求就是明确的最低标准。能否正确理解题意，将会直接影响到备考过程和整个面试结果。

二、备考室备考

即备什么，怎么备。这是整个面试的关键，也是影响整个面试质量高低的前提。教育部颁布的《中小学和幼儿园教师资格考试面试大纲（试行）》中评分标准一项中，明确了幼儿园、小学和中学教师资格考试面试测试的内容和要求以及评分标准，如表3-1所示。

表 3-1 幼儿园、小学、中学教师资格考试面试测试内容以及评分标准比较（节选）

学段	序号	测试项目	权重系数	评分标准
幼儿园	六	了解幼儿	1	有了解幼儿兴趣、需要、已有经验和个体差异的意识
				能通过观察来了解幼儿
	七	技能技巧	2	熟悉一些幼儿喜欢的游戏和故事
				具备弹、唱、画、跳、讲故事、手工制作等基本技能
小学	六	教学设计	1	教学材料处理恰当，教学目标明确，重点、难点突出
				能够基于小学生的知识基础和生活经验合理设计教师活动
				学生活动设计有效，能引导学生通过自主参与、合作探究的方式达成学习目标
	七	教学实施	2.5	教学结构合理，条理清晰，能较好地控制教学节奏
				知识讲授准确，能基本完成教学任务
				能够根据学生认知特点和学科教学规律，选择恰当的教学方法
				能够根据教学需要运用教具、学具和现代教育技术辅助教学
				板书工整规范、布局合理
中学	六	教学设计	1	了解课程的目标与要求、准确把握教学内容
				能根据学科的特点，确定具体的教学目标、教学重点和难点
				教学设计能突出学生的主体性
	七	教学实施	3.5	情境创设合理，关注学习动机的激发
				教学内容表述和呈现清楚、准确
				有与学生交流的意识，提出的问题富有启发性
				板书设计突出主题，层次分明；板书工整、美观、适量
				教学环节安排合理；时间节奏控制恰当；教学方法和手段运用有效

比较可知，幼儿园教师资格面试与中小学教师资格考试面试在测试内容和要求、评

分标准上有严格意义的不同。首先，测试内容上，如测试项目六，幼儿园教师资格面试强调考生“了解幼儿”，即依托试题中相关内容展示与回答问题，体现考生通过观察等方式方法对幼儿发展现状、经验水平、兴趣爱好等个性以及个体差异的了解程度，而中小学教师资格考试面试强调教学设计，即教学案设计（俗称写教案）；测试项目七，幼儿园教师资格面试是技能技巧，而中小学是教学实施。其次，测试方式上，根据测试内容特点和评分标准来看，技能技巧通过一定的活动片段展示来呈现和体现，而教学实施则是通过比较完整的教学活动，借助适合中小学生认知特点的板书、教具和现代教育技术等辅助手段来实现。所以幼儿园教师资格面试过程中，是通过一个活动片段展示考查考生一定的专业技能技巧，并依托回答问题考查考生运用展示的专业技能技巧设计和组织相关保教活动的基本能力，而中小学教师资格考试面试则通过一次比较完整的教学活动过程的试讲，考查考生基本的教学能力。最后，测试手段上，幼儿园是利用现场提供的常见的幼儿玩教具成品、半成品或原材料进行展示，中小学则是明确要求采用板书试讲。

换而言之，这也决定了幼儿园教师资格面试与中小学教师资格考试面试在备考室备考的显著不同，其中之一就是不需要在备课纸上设计活动方案和板书（中小学教师资格考试面试备考室备考主要就是教学设计和板书设计），所以考生在正确理解题意的前提下，应将备考重点放在专业技能技巧或活动片段教学能力模拟展示练习上。从近年面试题目和内容来看，幼儿园教师资格面试侧重考查考生弹、唱、画、跳、讲故事、手工制作、游戏规则示范讲解等专业技能技巧以及通过一定方式、方法、手段展示，诸如教唱歌曲活动片段、幼儿学儿歌活动片段等专业教学活动的设计与组织能力。

当然，在极其特殊的情况下，如在试题页中内容是游戏活动“模拟组织游戏活动或（认识磁铁）（有趣沉浮）等领域活动”时，备课重点是先在头脑中整体把握活动组织过程，然后用最少的时间在备课纸上设计简练的活动过程思路，最后用 2/3 的时间进行试讲练习。

试题清单内容有回答问题的，可将答案要点或提示语言简意赅地书写在备课纸上，无须赘述。

【案例再现】

一考生进入备考室，打开试题清单，题目是主题绘画《我和我的好朋友》，内容有两项：（1）以绘画配合开展“我的好朋友”主题活动；（2）回答问题：如何利用你的作品引导五六岁幼儿开展“我的好朋友”的活动。考生沉思片刻，然后打开备课纸，书写活动方案，七八分钟后结束，接着在备课桌上拿了一张A4纸，用彩铅在上面简单画了1个小朋友，三四分钟后，开始试讲练习……

分析：一般地，考生在备考室备考时首先应审题，正确理解试题清单题目、内容和基本要求三者之间的内在逻辑关系。正确理解题意后就是具体操作备什么、怎么备。案例中面试试题题目是主题绘画，明确提示考生专业实践知识范围，内容有两项，也就告诉考生面试的任务就是两项：一是现场绘画关于“我的好朋友”主题活动的作品，二是回答问题。考生在正确理解题意的情况下，按照基本要求，把主要时间和精力放在绘画上，留出 5 分钟左右时间思考问题并将答案要点书写在备课纸上（一般备课纸上设计活动方案很少，经常空白）。案例中考生明显就是理解题意错误，审题不清，在错误理解题意下进行备课，必然得到错误的结果。

第三节　本章小结

在实际的面试候考备考过程中，考生经常出现以下问题。

一、提前准备不足，影响正常面试

有考生在考试前，甚至考试当天发生准考证、身份证遗失或忘记携带的情况，导致无法参加面试；也有考生对考场分布不熟悉，不了解候考室与备考室位置，中途寻找备考室造成时间隐性浪费和考务工作消极等待现象，浪费了宝贵的备考时间，影响正常面试。

【案例再现】

一北方考生生源地和学籍地相邻，在某年秋季幼儿园教师资格考试面试当天大清早乘坐火车从家里赶往学籍所在地参加面试，因时间比较紧张，加之当时正值寒假放假学生较多，乘车拥挤。考生匆匆忙忙上车、下车，然后急忙赶往考场，待进入候考室核验身份和考试信息时，才发现身份证、准考证遗失，经与考点考务办公室沟通，最终因不能在规定时间内提供个人有效信息佐证材料，不得不遗憾地错失一次面试机会。

分析：在现实的考试中，像本案例中考生因乘坐交通工具赶考而遗失考试证件的例子屡见不鲜，具有一定的典型性、代表性。本案例中考生应提前计划安排好面试期间住宿等事宜，如在确保个人安全前提下，和其他熟悉的考生提前一天在面试考场附近安排好住宿，创设良好的面试氛围环境，为面试顺利进行提供基本的保障，避免因赶考而出现不应该但又往往被一些考生忽视的证件遗失等低级错误，因小失大，从而影响甚至失去参加面试的宝贵机会。

二、情绪过度紧张，应考自信心不足

考生参加面试，情绪紧张在所难免。但有的考生由于过度紧张，影响面试顺利进行。平时专业技能基本功不扎实、对面试缺乏正确全面的认识、考前缺乏科学有效的备考、个别考生自身应考心理素质差等均是造成考生情绪过度紧张，应考自信心不足的主要原因。

【案例再现】

一考生面试前一晚彻夜难眠，担心、焦虑、寝食不安的考前综合征明显。翌日昏昏沉沉地赶往考场。到达考场核对信息、抽题时高度紧张，额头直冒虚汗。待考生进入备考室备考时又发现准考证、身份证遗落在候考室，又急匆匆跑回候考室……浪费了备考时间，一定程度上影响了备考状态和后续面试。

分析：考前综合征，或称考前焦虑症，是部分考生在面对考试心理高度紧张的情绪而作出的反应。考生在此阶段要学会自我调适，正确面对考试，调整对考试结果的合理预期，树立平常心，制订备考计划，分析研究面试，针对性强化学习，加强技能技巧训练，点点滴滴积累，体验到每次学习进步与收获的喜悦，积少成多，从而逐步增强自信心，帮助自己缓解或消除考前综合征。

三、审题不清，影响面试质量

不能正确理解题意，直接影响整个面试的方向和质量，这是相当一部分考生面试达不到合格成绩的主要原因。如试题内容明确要求是为故事配插图，考生却将为故事配插图专业技能展示错误地理解为模拟组织幼儿为故事配插图活动，或者根据故事插图组织幼儿看图说话活动等；又如，试题内容要求是结合动作示范，讲解游戏规则或玩法，考查考生讲解游戏规则的专业技能展示，而考生经常误以为是组织游戏活动，在游戏活动中介绍规则，也就是说不能正确理解游戏教学片段展示与游戏活动组织展示的关系。在错误理解题意的基础上，备考室备考以为就是设计活动方案，浪费宝贵备考时间，更是偏离了试题要求的正确面试方向，这是备考环节最常见的、普遍的问题。

【案例再现】

备考室，考生1面试题目是体育游戏“老鹰捉小鸡”，内容有两项：一是模拟讲解游戏规则，二是回答问题。只见考生1快速阅览试题后，稍思片刻，拿起笔在备课纸上写起活动方案来……

考生2面试题目是游戏“谁也不认识谁”，内容有两项：一是回答问题，二是模拟演示介入指导。考生2阅读试题后，开始在备课纸上设计游戏活动方案……

考生3面试题目是为故事《多多什么都爱吃》配插图，内容有两项：一是为故事配插图，二是回答问题。只见考生3犹犹豫豫拿起笔，在备课纸上快速写出教案，写完后环顾四周，走到备课材料前拿起蜡笔、彩铅和素描纸回到座位，快速画了几个水果造型，然后起身开始试讲起来……

考生4面试题目是纸工“企鹅”（图示略），内容有两项：一是按图示步骤完成折纸“企鹅”，二是回答问题。考生4快速从考场备课材料中拿起彩色卡纸按照试题页提供的图示开始折纸，待折纸结束后，又拿起笔在备课纸上开始快速写出教案，然后又匆忙试讲……

分析：考生 1 面试试题内容已经明确告知考生面试的任务就是两项：第一个任务是模拟讲解游戏规则，第二个任务是回答问题。备考室备考就是备的这两项，考生 1 在正确理解题意的前提下，只需按照试题基本要求结合动作示范，讲解游戏规则的要求练习，并将回答问题答案要点书写在备课纸上即可，而绝非设计“老鹰捉小鸡”游戏活动教案。考生 2 面试试题内容也清清楚楚地告诉考生面试任务就是两项：一是先从游戏促进幼儿社会性发展作用角度，考查考生对小班幼儿主要游戏类型和特点的掌握，考生只需将实践知识点写在备课纸上即可；二是在演示角色游戏中介入指导过程即可，考生在备考室应将精力集中在练习介入指导角色游戏过程上，而非书写游戏活动方案。考生 3 面试试题内容就是两项：一是为故事配插图，二是回答问题。而考生 3 确实也绘画了，但只是画了几个水果造型，构图不合理，画面与故事内容不符，不够生动有趣，未达到题目基本要求。更为错误的是，该考生把为故事配插图的活动片段等同于完整的讲故事活动或绘画活动，开始后面的试讲练习。该考生显然未正确理解试题中通过活动片段展示考查考生绘画技能技巧，并利用幼儿绘画能力发展特点等实践知识设计或组织活动的能力这一本质特点，这并非完整活动试讲。考生 4 面试试题相对而言，应该是幼儿园教师资格面试内容中比较简单，也是广大考生渴望抽到的题，考生 4 面试和备考任务就是两项：一是按图示步骤完成折纸“企鹅”，二是回答问题。该考生备考中应该首先阅读图示，然后快速按照图示折纸，完成作品，并利用相关知识设计活动，将要点书写在备课纸上即可。而该考生备考时却写教案和试讲，画蛇添足，导致将简单的按图折纸和回答问题面试备考任务错误地呈现为折纸活动的完整组织与试讲，影响最终的面试结果。上述 4 位考生备考室备考都有一个共同的误区就是不能正确审题，误以为备考就是写教案，也不能正确区别活动与活动片段（讲故事活动与讲故事活动中绘画片段的关系）并进行完整活动试讲。幼儿园教师资格面试大纲和评分标准测试要素第六项中没有提出活动设计（中学和小学在考纲中明确提出是教学设计），第七项是技能技巧（中学和小学则是教学实施），这就是幼儿园教师资格面试和中小学教师资格考试面试典型不同之一（具体详见本章第二节表 3-1）。上述 4 位考生属于典型的备考室备考错误理解题意而导致面试结果不合格案例。

四、缺乏备考技巧，备考效率不高

在备考室备考中，缺乏技巧，缺乏主次意识，不能合理分配备考时间，备考过程既无重点，又慌乱无序，备考效率偏低。

【案例再现】

考生1面试题目是《全家一起看电视》，内容是以绘画配合开展“我爱我家”的主题活动，具体有两项：一是现场绘画《全家一起看电视》，二是回答问题。考生1阅读试题后，快速在素描纸上开始画起来……随着现场考务人员发出“备课时间到”指令，只见考生1画纸上画面情境还未画完，也未涂色，只好停止备考，带好备课材料离开备考室前往面考室。

分析：考生从候考室抽题到打印出来，系统会自动开始记录备考时间，且候考室和备考室在两个不同空间场所，这样对考生而言，备考时间的消极等待和隐形浪费情况在所难免，规定是 20 分钟的备考时间，实际备考时间为 16 ～ 18 分钟。本例中考生试题规定的任务就是主题绘画和回答问题，在备考室规定时间内既要画面布局，又要绘画内容，还要涂色，最后因时间不足未完成备考任务，缺乏一定备考技巧，备考效率不高，从而影响到考生后续面考室面考状态。从该考生实际备考来看，可先在素描纸上尽快将主题画面布局、勾勒、绘画出来，并将回答问题要点书写在备课纸上即可。待到面考室展示环节时，可直接在备考作品上进行涂色，完成整个作品，并回答问题。这样就能充分利用两个阶段的时间，完成质量较好的主题绘画作品和面试任务。

第四章

基于国家标准的入职资质面试流程解读：面考室面试

【目标导读】

• 了解面考室面试流程和环节要求，熟悉常见问题，具有一定的《学前教师职业能力标准（试行）》师德践行能力、保育和教育实践能力、综合育人能力和自主发展能力。

• 掌握面考室面试各环节考查内容，运用相应技能技巧和实践知识组织开展保育活动、环境创设与利用活动、游戏活动、一日生活活动、专门教育活动和育人实践活动。

• 激发学习兴趣，树立正确面试观和职业能力观，规范幼儿教师基本礼仪。

【内容导引】

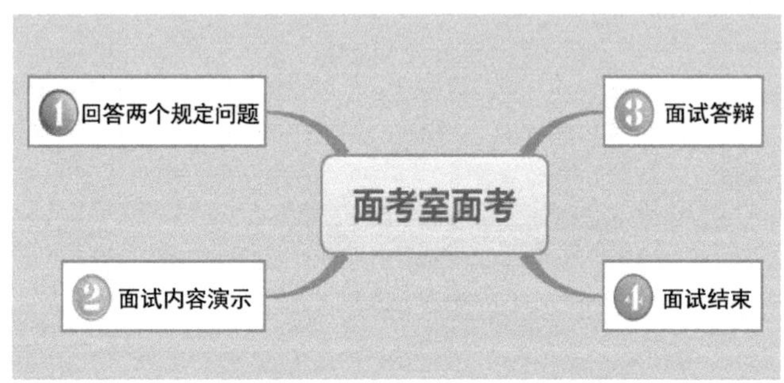

第一节　第一环节：5 分钟回答两个规定问题

回答两个规定问题（又称结构化问题）是幼儿园教师资格考试面考室面试的第一环节，即在规定的 5 分钟内，回答两个规定问题。主要内容包括新时代党和国家领导人关于教育系列讲话精神和教育方针政策学习领悟贯彻、政治素质、传统文化素养、幼儿教师专业理念与师德、幼儿发展理论、幼儿园教育活动实施、幼儿园教育评价、环境创设与利用、家园合作、幼儿园一日生活指导、幼儿游戏活动支持与引导等保教实践知识，专业（化）成长与发展、活动设计组织、沟通与合作、教育反思、教育机智等职业素养和专业能力。以这些保教活动实践问题为导向，考查考生在职业认知、心理素质、仪表仪态、交流沟通、思维品质、了解幼儿、技能技巧、评价与反思8个方面的基本素养，也充分体现出《学前教师职业能力标准（试行）》师德践行能力、保育和教育实践能力、综合育人能力、自主发展能力的根本要求。

一、题型

按照结构化问题特点，可分为观点题、策略题、既有观点又有策略题三大类。

1. 观点题

一般可分为完全正确型、完全错误型、不完全正确型、争议型4种。

（1）完全正确型。

可分为陈述式观点和辨析理由式观点。

陈述式观点。这类结构化考题根据问题核心指向，只需回答“是什么”“为什么”的陈述性课证衔接知识。主要围绕思想政治素质、新时代幼儿教师职业价值观、入职动机、新时代幼儿教师劳动特点、新时代幼儿教师专业素质、入职适应、职业规划等职业认知、职业能力、专业（化）成长与发展等课证衔接知识内容。

【题4-1】2014年9月，习近平总书记在与北京师范大学师生代表座谈时，提出了“四有”好教师标准，请问“四有”指的是哪“四有”？

［主要考核目标］政治素养；职业认知

［评分说明］

①良好：政治素养高，教师职业信仰坚定，职业认同感强。

②一般：有一定政治素养，有比较坚定的教师职业信仰，职业认同感比较强。

③较差：政治素养不高，缺乏教师职业信仰和认同感。

［课证衔接］思想政治素质；幼儿教师素质与能力

［参考答案］有理想信念，有道德情操，有扎实知识，有仁爱之心。考生也可围绕上述“四有”标准简要阐述对新时代幼儿教师素质的理解。

【题4-2】唐代诗人韩愈说：“师者，所以传道受业解惑也。”谈谈你对这句话的理解。

［主要考核目标］传统文化素养；职业认知；思维品质

［评分说明］

①良好：教育观、教师观正确，有较高传统文化素养，理解准确、全面、深入，思路清晰，语言表达清楚、逻辑性强。

②一般：教育观、教师观基本正确，有一定传统文化素养，理解基本准确，思路比较清晰，语言表达比较清楚。

③较差：教育观、教师观错误，无传统文化素养，理解不准确，思路不清晰，语言表达比较差。

［课证衔接］通识知识；幼儿教师素质与能力

［参考答案］这是一道考查传统文化认知的考题。可以参考以下内容回答。

我非常赞同这句话，古人云：“经师易求，人师难得。”一个优秀的老师，应该是“经师”和“人师”的统一，既要精于“授业”“解惑”，更要以“传道”为责任和使命。一个好老师心中要有国家和民族，要明确意识到肩负的国家使命和社会责任，即要有理想信念。作为一名幼儿园教师也必须树立正如习近平总书记所提出的“四有”好教师标准，真正将立德树人根本任务落实落细。

【题 4-3】作为一名新手，如何尽快适应幼师这一职业？

［主要考核目标］职业认知；思维品质

［评分说明］

①良好：熟悉幼儿教师劳动特点，有强烈的专业发展意识，理解准确、全面、深入，思路清晰，语言表达清楚、逻辑性强。

②一般：基本熟悉幼儿教师劳动特点，有专业发展意识，理解基本准确，思路比较清晰，语言表达比较清楚。

③较差：不熟悉幼儿教师劳动特点，无专业发展意识，理解不准确，思路不清晰，语言表达比较差。

［课证衔接］幼儿教师素质与能力；幼儿教师专业（化）成长

［参考答案］这是一道主要考查幼儿教师入职适应的陈述式观点题。可以参考以下内容回答。

作为一名新任教师，尽快实现角色转变，熟悉幼儿园工作环境和工作任务，对工作和个人而言都有很大好处。如果我有幸成为一名幼师，我打算从以下方面做好入职准备。

a. 拜师学艺。我会向有经验的老教师虚心求教，拜师傅帮扶带我，这是我适应幼儿园保教工作、快速成长的有效途径之一。

b. 全面了解幼儿。了解幼儿是我做好日常保教工作的前提。所以我进班的第一件事情就是熟悉每个孩子，记住每个孩子的名字，了解每个孩子的个性。

c. 做好职业规划，加强自主学习。做好清晰的专业（化）成长与发展规划，明确当前入职适应阶段的主要任务。不断强化自主学习意识，工作中学会记工作日志，学会写工作随笔。工作之余学习、阅读专业相关书籍、期刊，做到提升自身专业理论与保教实践的有效结合。

d. 努力做好与家长的沟通工作。学会与家长沟通，熟悉了解幼儿家庭情况、家长个性，掌握与家长的沟通技巧，与家长建立良好的工作关系，也是促进我个人成长，尽快适应幼师工作的必然要求。

【实操强化】

• 你为什么选择幼儿园教师这个职业？

• 你是一名幼儿园教师，谈谈你的优势和不足。

• 你认为孩子们喜欢的老师是什么样子的？

• 你认为孩子们不喜欢的老师是什么样子的？

• 你觉得作为幼师，应具备什么样的专业能力？

• 幼儿园教师除了专业知识、技能和素质之外，还需要具备什么？

辨析理由式观点。这类考题在陈述性考题的基础上，首先要对结构性问题作出判断，即先旗帜鲜明地表明自己对问题的正向价值取向判断及态度，用“我赞成、同意、认同这种观点或看法”“这是一种好现象”等语句表达。其次根据课证衔接知识回答“是什么”或“为什么”。

【题 4-4】现在有男性教师加入幼师队伍，你如何看待这一现象？

［主要考核目标］职业认知；思维品质；语言表达

［评分说明］

①良好：教师观正确，理解准确、全面、深入，思路清晰，语言表达清楚、逻辑性强。

②一般：教师观基本正确，理解基本准确，思路比较清晰，语言表达比较清楚。

③较差：教师观错误，理解片面、错误，思路不清晰，语言表达比较差。

［课证衔接］幼儿发展理论；幼儿教师素质与能力；幼儿教师劳动特点

［参考答案］这是一道主要考查幼儿教师性别结构与幼儿教师队伍发展的辨析理由式观点题。可以参考以下内容回答。

我对男性教师加入幼师队伍表示热烈欢迎（我乐于看到越来越多的男性教师加入我

们幼师队伍或看到现在有更多男性教师加入幼师队伍，我很高兴），这是因为：

长期以来，受传统教育观念影响和职业分工偏见，社会普遍认为幼儿园教师最好是女性，因为女性向来温柔、细心，有爱心、耐心，喜欢和孩子打交道，而男性比较粗放，没有足够的细心、耐心，甚至爱心，认为无法更好地教育孩子。所以，目前幼儿园教师性别比例结构失调情况较为严重。

随着社会的进步，教育的发展，人们对男性幼师的社会呼声越来越强烈，对孩子双性化教育的主张越来越受到家长和教育工作者的重视。随着人们教育观念的改变，男性幼师队伍越来越壮大，受到幼儿园和家长的普遍欢迎，这种现象不仅能改变幼师性别结构，更能培养孩子坚强、勇敢、果断、男子汉气质和细心、柔和的双性化个性，促进孩子全面健康的成长和发展。

【实操强化】

- 有人说，没有教不好的孩子，只有不会教的老师，你如何看待这一观点？
- 有人说教师的知识不只是一桶水，更是源头活水，你如何理解？
- 有人说幼儿是小精灵，老师也应该向孩子学习，你如何看待这种观点？
- 有人认为教师是蜡烛，照亮了别人，燃烧了自己，你怎么认为？
- 民办幼儿园教师没有编制，待遇低，教师流动性大，这种现象你怎么看？
- 有的教师产生职业倦怠，有的教师却永葆工作热情，你怎么看？

（2）完全错误型。

如同辨析理由式观点题一样，先要做价值取向判断，当然需要表达否定语气，用“我不赞同、不同意这种观点或看法”或“这种说法有待商榷、这种看法或观点我认为不对”等语句，然后用课证衔接知识说出自己的理由或依据。

【题4-5】网络上出现的一些教师暴力对待幼儿的视频或图片，你对这种现象怎么看？

［主要考核目标］职业认知；了解幼儿；思维品质

［评分说明］

①良好：儿童观正确，了解幼儿身心发展特点与需要，问题分析全面、深入，思路清晰，语言表达清楚、逻辑性强。

②一般：儿童观基本正确，基本了解幼儿身心发展特点与需要，问题分析基本准确，思路比较清晰，语言表达比较清楚。

③较差：儿童观错误，不了解幼儿身心发展特点与需要，问题分析片面、错误，思

路不清晰，语言表达比较差。

［课证衔接］幼儿教师职业道德；儿童观；幼儿与教师关系；学前教育原则；学前教育法律法规；幼儿园危机公关

［参考答案］这是一道主要考查幼儿教师职业道德与操守的完全错误型观点题。可以参考以下内容回答。

首先，网络上出现的一些教师暴力对待幼儿的视频或图片，说明确实存在个别幼儿园教师体罚甚至虐待孩子的违法行为，违反了《中华人民共和国教育法》《中华人民共和国教师法》《中华人民共和国未成年人保护法》《幼儿园工作规程》等法律法规。

其次，违反了幼儿园教育的基本原则，即违反了“保护幼儿的人格尊严和合法权益”的原则。幼儿是享受独立人格尊严的个体，暴力对待幼儿，会伤害幼儿自尊心和自信心，不仅影响幼儿当前身心健康成长，更会影响其终身发展。幼儿享有受教育权、受抚养权等合法权益，成人（教师和家长）是幼儿合法权益的呵护者而不是伤害者。

再次，说明个别幼儿教师个人素质低劣，缺乏爱心、耐心，职业道德缺失。应该按照相关法律法规要求，将其清理出教师队伍。

最后，需要强调的是，网络等媒体曝光教师虐待幼儿事件，只是幼儿教师队伍中极少数的害群之马，公共媒介不应将素质低劣、缺乏职业操守的个别行为扩大到整个幼儿教师队伍，误导社会对幼儿教师队伍整体的偏见，在声讨害群之马的同时，更应关注绝大多数热爱孩子、默默无闻、无私奉献、爱岗敬业的幼儿教师，向社会传递正能量，为幼儿教师队伍整体素质提升营造良好的社会氛围和舆情导向。

【实操强化】

- 信息时代，上网方便，没必要家访，你如何看待这种观点？
- 有些人评价一些孩子的时候说：“朽木不可雕也。”谈谈你的看法。
- 有人认为社会育人环境差了，学校教育无能为力，你如何看待这一观点？
- 有些幼儿园教幼儿写字，你怎么看？
- 有的教师说到幼儿园与小学衔接，就马上联想到让幼儿学习一年级的内容，你怎么看？
- 为保证安全，教师减少了幼儿使用大型器械的活动时间，这种情况你怎么看？

（3）不完全正确型。

这类考题的主要特点为观点整体或结论错误，但里面包含合理成分或部分正确观点。解答这类考题采用一分为二的逻辑思路，回答表述方式有两种：第一种是先表明问题整体是“错误、不对的”，接着向考官说出错误理由即可，然后用“当然，这种观点中有合理的成分，如……”联系幼儿园教育实践和保教经验说说“合理成分所在”即可。第二种是先承认其合理成分，如可用“不可否认，其……确实是有一定道理的”表述，“因为……”言简意赅说说理由，然后语气一转，“但这种观点失之偏颇，以偏概全，只看到了……忽略了……”接着具体说说其错误的原因所在即可。

【题 4-6】有人认为幼儿教师就是保姆，你怎么看？

［主要考核目标］职业认知；思维品质

［评分说明］

①良好：教师观正确，熟悉幼儿教师劳动特点，问题分析全面、深入，思路清晰，语言表达清楚、逻辑性强。

②一般：教师观基本正确，基本熟悉幼儿教师劳动特点，问题分析基本准确，思路比较清晰，语言表达比较清楚。

③较差：教师观错误，不熟悉幼儿教师劳动特点，问题分析片面、错误，思路不清晰，语言表达比较差。

［课证衔接］幼儿教师劳动特点；幼儿教师角色；幼儿园工作双重任务

［参考答案］这是一道主要考查幼儿教师职业角色身份、劳动特点、工作任务的不完全正确型观点题。可以参考以下内容回答。

思路一：这种看法是不对的。幼儿园工作具有双重任务：一是保育和教育，保教工作是幼儿园基本工作任务，也是中心任务；二是社会福利，为家长的学习生活提供便利的同时指导家长教育幼儿。这也决定了幼儿教师在工作中扮演的职业角色。幼儿教师既是保育员，要照料好孩子的生活，更是幼儿健康全面发展的教育者、研究者，诚如《幼儿园教育指导纲要（试行）》中明确指出的，教师应成为幼儿学习活动的支持者、引导者、合作者。同时，教师也为广大家长的生活学习提供了便利的时间和空间，客观上起到了代替家长照料孩子生活的作用，但更主要的是，教师指导家长学习先进幼儿家庭教育理念对转变家庭教养方式、提高家庭育儿水平具有重要作用，这不是保姆所能做到的。所以认为幼儿教师就是保姆的看法是错误的。当然，这种观点里有一定的合理成分，看到了幼儿教师照料幼儿一日生活不可或缺的作用和角色。

思路二：这种看法是错误的。尽管看到了幼儿教师承担照料幼儿生活的工作任务和角色，有一定的合理成分。但是这种看法以偏概全，将幼儿园保教合一工作主观地割裂。只看到了幼儿园的保育工作，却忽视了教育工作。而实际上，保教结合是我国幼儿园特有的工作原则和内容。保育和教育相互渗透、相互融合，保育中包含着教育的内容，教育中渗透着保育的成分，并在同一过程中实现。教师既要熟悉幼儿保育知识，照料幼儿生活，更要掌握教育幼儿的知识和能力。所以幼儿教师除了扮演照料幼儿生活的“保姆角色”外，更是幼儿健康成长的教育者、研究者、支持者、引导者、合作者。

【实操强化】

• 有人认为，幼儿教师只要有爱心、耐心就足够了，你怎么看待这种观点？

• 你是一名新教师，一位老教师告诉你对待学生要严厉，不要和颜悦色，否则管不住孩子，你认为呢？

• 有人说，要给孩子一杯水，老师要有一桶水，你怎么看？

• 有些父母建议幼儿园应提供大量的益智玩具，多安排开发智力的活动，这样有利于提高孩子的智商，你怎么看？

• 有人说“面向全体，重视个别差异”就是要求教师在集体活动中面向全班幼儿，在小组活动中进行个别指导、因材施教，你怎么看？

（4）争议型。

这类属于典型的“仁者见仁，智者见智”考题。但需要说明的是，幼儿园教师资格面试具有基本的职业导向性，故而在作答时最后落脚点一定在幼儿教师职业价值取向、现代儿童观、科学保教理念和方法上。

【题 4-7】某新教师工作后感觉很辛苦，压力大，收入低，于是跳槽从事其他职业，对此行为你有什么看法？

[主要考核目标] 职业认知；思维品质

[评分说明]

①良好：教师观正确，熟悉幼儿教师劳动特点，有强烈的专业发展意识，问题分析全面、深入，思路清晰，语言表达清楚、逻辑性强。

②一般：教师观基本正确，基本熟悉幼儿教师劳动特点，有一定的专业发展意识，问题分析基本准确，思路比较清晰，语言表达比较清楚。

③较差：教师观错误，不熟悉幼儿教师劳动特点，缺乏专业发展意识，问题分析片面、错误，思路不清晰，语言表达比较差。

[课证衔接] 幼儿教师劳动特点；幼儿教师专业（化）成长；学前教育政策

[参考答案] 这是一道争议型观点题。社会需要不同分工的职业者，不同的职业待遇往往也是吸引不同求职者的因素之一。不同入职者对幼儿教师职业认同度也不同，有

些人不适应当前工作出现跳槽的情况，从人格角度来说本着尊重的原则，无可厚非，但问题落脚点一定要落在幼儿教师入职资质考试的导向作用上。可以参考以下内容回答。

对于这位新教师的跳槽选择我个人觉得无可厚非，毕竟人各有志。但是，如果是我，我选择从事幼师工作有以下几点原因。第一，我很喜欢孩子，一直立志于从事幼儿教师事业，通过大学期间的专业学习，特别是幼儿园的见习、顶岗实习等实践活动，让我进一步了解了孩子，熟悉了幼儿园工作环境和特点，让我树立了比较正确的职业观。第二，国家和地方对学前教育事业的重视程度，对幼儿园教师待遇的不断提高，更加坚定了我从事幼教工作的志向。我喜欢，我选择；我选择，必不悔。我若有幸成为一名幼儿园教师，必会做好职业规划，积极适应工作，学会释放压力，不断学习，提升自己，促进自身专业成长与发展，将自己一生的爱心和工作热情奉献在幼教工作中。第三，从幼儿园教师资格国考政策实施目的来说，严把幼儿园教师入职资质入口关，把那些真正乐教、适教人员吸收到幼儿教师队伍中来。这更加坚定了我对幼儿园教师资格国考制度的理解和支持。

【实操强化】

• 教师收入不高，大学生毕业后认为选择幼师工作不划算，你如何看待这种观点？

• 现在民办园教师待遇不如公办园教师待遇，而民办园教师因待遇、进修学习和个人发展无法得到保障也经常出现跳槽情况，对这种现象你怎么看？

• 有人认为，给小朋友发小红花会带来负面影响，不仅会引起孩子间的消极竞争，甚至会导致有些小朋友偷别人的小红花换取食物、奖品等，对此问题你怎么看？

2. 策略题

这类考题是结构化面试问题中最基本最常见的类型，主要特点是强调程序性课证衔接知识，即“怎么办”。以幼儿园常见保教问题为导向，重点考查幼儿园专门教学活动组织、幼儿园一日生活和活动保教、幼小衔接工作、幼儿园与家长合作、幼儿教师与幼儿及家长之间的沟通交流、幼儿游戏活动指导、幼儿园环创和利用、幼儿园教育评价等课证衔接知识内容和教育机智。

【题 4-8】孩子偏食，不吃点心，作为一名幼儿园教师，请问你会如何处理？

［主要考核目标］职业认知；了解幼儿；思维品质

［评分说明］

（1）良好：儿童观正确，了解幼儿身心发展特点与需要，问题分析全面、深入，思路清晰，语言表达清楚、逻辑性强，方法切实、有效、实用。

（2）一般：儿童观基本正确，基本了解幼儿身心发展特点与需要，问题分析基本准确，思路比较清晰，语言表达比较清楚，方法比较有效。

（3）较差：儿童观错误，不了解幼儿身心发展特点与需要，问题分析片面、错误，思路不清晰，语言表达比较差，方法不当。

［课证衔接］个体差异；幼儿一日生活组织与保育；健康教育活动指导

［参考答案］这是一道主要考查幼儿园一日生活进餐环节幼儿挑食问题的保育实践策略题。可以参考以下内容回答。

一些孩子偏食、挑食现象普遍存在。遇到孩子偏食的情况，通过观察和与家长及时沟通，我会首先了解孩子偏食的原因。如果是因为孩子身体不适、消化力弱、食欲不振而导致的偏食，不必过分担心，待孩子恢复健康或体力后正常饮食即可。如果是家庭、家长饮食行为或习惯引起的孩子偏食，我会主要做好以下工作。

一是建议家长不必过于关注孩子身体而强迫孩子进食一些营养食品，避免孩子对这些食物产生反感。有些是家长自身的一些饮食喜好在孩子面前有意无意的心理暗示，导致孩子模仿，更要建议家长与幼儿园进餐规划紧密配合，形成纠正孩子偏食行为，养成良好饮食习惯的家园共育合力，并提醒家长不能操之过急，指导家长用正确的方法帮助孩子解决偏食问题，不能用哄骗打骂的强制手段。

二是在幼儿园一日进餐环节，对偏食孩子进行正确引导，通过榜样法、逐渐增量法、讲故事法等多种方法鼓励孩子健康进食。同时，开展专门的主题活动，让孩子认识到挑食、偏食对身体的危害，帮助幼儿改掉挑食习惯，养成良好的饮食习惯，促进幼儿健康成长。

【题 4-9】小明非常害怕毛绒玩具，作为教师，你怎么办？

［主要考核目标］职业认知；了解幼儿

［评分说明］

（1）良好：儿童观正确，了解幼儿身心发展特点与需要，问题分析全面、深入，思路清晰，语言表达清楚、逻辑性强，解决问题方法切实有效、实用。

（2）一般：儿童观基本正确，基本了解幼儿身心发展特点与需要，问题分析基本准确，思路比较清晰，语言表达比较清楚，解决问题方法比较有效。

（3）较差：儿童观错误，不了解幼儿身心发展特点与需要，问题分析片面、错误，思路不清晰，语言表达比较差，解决问题方法不当。

［课证衔接］幼儿个性；儿童观；教育观；幼儿园教育活动指导；游戏治疗

［参考答案］这是一道主要考查幼儿发展中胆小、害怕个性心理的策略题。可以参考以下内容回答。

作为老师，我会采用系统脱敏法和榜样示范法，帮助孩子不再害怕毛绒玩具。

首先，我不强迫小明接受毛绒玩具，我会拿小明喜欢的玩具，比如小狗，和小明说“小狗狗想和你做好朋友，请你摸一摸它，好吗”，鼓励小明摸一摸小狗。如果小明还是害怕，我便鼓励小明和我一起摸一摸小狗，直至小明大胆主动地摸小狗，让小明对小型狗毛绒玩具不再害怕，然后进一步接触大的、小明喜欢的其他毛绒玩具。

也可在小明接触毛绒玩具时，组织相关的游戏，鼓励小明和其他小朋友一起玩，在游戏的愉悦氛围中，让小明慢慢地不再害怕毛绒玩具。

【题 4-10】幼儿打人、骂人怎么办？

［主要考核目标］职业认知；了解幼儿；思维品质

［评分说明］

（1）良好：儿童观正确，了解幼儿身心发展特点与需要，问题分析全面、深入，思路清晰，语言表达清楚、逻辑性强，方法切实、有效、实用。

（2）一般：儿童观基本正确，基本了解幼儿身心发展特点与需要，问题分析基本准确，思路比较清晰，语言表达比较清楚，方法比较有效。

（3）较差：儿童观错误，不了解幼儿身心发展特点与需要，问题分析片面、错误，思路不清晰，语言表达比较差，方法不当。

［课证衔接］儿童观；儿童发展理论；教师与幼儿沟通的技巧

［参考答案］这是一道主要考查幼儿发展中攻击性行为问题的策略题。可以参考以下内容回答。

教师遇到幼儿打人、骂人时首先要控制住自己的情绪，即使是幼儿犯了错误，也不要急于强迫幼儿去承认错误。

当幼儿打骂人时，先制止幼儿的行为，让幼儿冷静一下。待幼儿冷静下来后，和幼儿沟通交流，问清楚动手的原因，让他真正明白错在哪里，他也就不会再去犯同样的错误。

当幼儿打骂了其他小朋友，你可以先向小朋友道歉，给幼儿做个好榜样。然后告诉幼儿打人是不对的，小朋友会很疼的。当然，在幼儿打骂其他小朋友的时候，教师可采用转移注意力的方法，引导他去做点感兴趣的事情，引导幼儿用正确的方式发泄自己的不良情绪。

平时，对于一些爱打骂小朋友的幼儿，一定要和家长做好沟通交流工作，消除家长不良行为习惯对幼儿爱打骂人行为的影响因素，争取家长和教师一起，形成改掉幼儿爱打骂人的不良行为习惯的教育合力。

【题 4-11】课堂上，如何让小朋友听话？

［主要考核目标］职业认知；心理素质；交流沟通

［评分说明］

（1）良好：教育观正确，情绪控制和管理能力强，问题分析全面、深入，思路清晰，语言表达清楚、逻辑性强，方法切实、有效、实用。

（2）一般：教育观基本正确，有一定的情绪控制和管理能力，问题分析基本准确，思路比较清晰，语言表达比较清楚，方法比较有效。

（3）较差：教育观错误，缺乏情绪控制和管理能力，问题分析片面、错误，思路不清晰，语言表达比较差，方法不当。

［课证衔接］教育观；情绪控制与管理；师幼关系

［参考答案］这是一道主要考查幼儿教师有效掌控课堂活动，构建良好师幼关系的策略题。可以参考以下内容回答。

与其在课堂上让小朋友听话，不如在活动中和孩子一起积极互动，建立优质的师幼关系。

活泼好动是孩子的天性，也是教师设计和组织活动必须考量的依据。设计活动方案时，认真学习领会《幼儿园教育指导纲要（试行）》和《3 ～ 6 岁儿童学习与发展指南》的要求，尊重孩子爱玩的天性。组织活动时，教师充分利用玩具、游戏、音乐、绘画、故事等孩子喜欢的工具或方式，尊重孩子的天性和个性，调动孩子积极参与进来，在活动中使教师真正成为小朋友的小伙伴，孩子学习的支持者、引导者、合作者。

【题 4-12】作为幼儿园教师，如何和小朋友沟通，让小朋友喜欢你呢？

［主要考核目标］职业认知；交流沟通

［评分说明］

（1）良好：儿童观、教育观正确，问题分析全面、深入，思路清晰，语言表达清楚、逻辑性强，方法切实、有效、实用。

（2）一般：儿童观、教育观基本正确，问题分析基本准确，思路比较清晰，语言表达比较清楚，方法比较有效。

（3）较差：儿童观、教育观错误，问题分析片面、错误，思路不清晰，语言表达比较差，方法不当。

［课证衔接］儿童观；教育观；教师与幼儿的沟通技巧

［参考答案］这是一道主要考查教师与幼儿沟通技巧的策略题。教师与幼儿沟通的方法论有非言语沟通和言语沟通，可以参考以下内容回答。

首先，我会记住我们班所有孩子的名字，每次在入园接待和离园送别时都会亲切地和每个小朋友打招呼。

其次，每天面对孩子的时候学会微笑，用亲切的、发自肺腑的微笑感染孩子。在活动、游戏中用蹲下来平视的姿势、生动形象的动作、温暖而又关注的眼神、恰当的停顿、和蔼可亲的表情、抱一抱与摸一摸的肢体言语，让孩子时刻感受到温暖和爱。

最后，还要了解每个孩子的兴趣、爱好、性格、脾气，调动他们的积极性和兴趣，以孩子的方式学习，以孩子的兴趣组织活动，这样小朋友才会真正喜欢教师。

【题 4-13】有个小朋友跟你说不想上幼儿园，你怎么做？

［主要考核目标］职业认知；了解幼儿；交流沟通

［评分说明］

（1）良好：教育观正确，了解幼儿身心发展特点与需要，积极回应幼儿，思路清晰，语言表达清楚、逻辑性强，方法切实、有效、实用。

（2）一般：教育观基本正确，基本了解幼儿身心发展特点与需要，能回应幼儿，思路比较清晰，语言表达比较清楚，方法比较有效。

（3）较差：教育观错误，不了解幼儿身心发展特点与需要，不回应幼儿，思路不清晰，语言表达比较差，方法不当。

［课证衔接］教育观；幼儿社会性发展；教师与幼儿的沟通技巧

［参考答案］这是一道主要考查缓解幼儿幼儿园集体生活不适应，教师与幼儿沟通技巧的策略题。可以参考以下内容回答。

我认为，应该从三个方面帮助孩子缓解不适应，让孩子喜欢上幼儿园。

首先，及时与孩子进行言语沟通，了解不想上幼儿园的原因。在孩子情绪愉悦的时候，我可以对孩子说：“今天，你表现特别棒，老师和小朋友都很喜欢你呀。老师问你一个小小的问题，可以告诉老师吗？”“老师和小朋友们都这么喜欢你，那你为什么还不想上幼儿园呀？”

其次，主动与家长做好沟通，及时了解孩子近期的真实情况，发现问题所在。让家长坚持接送孩子，做好家园一致缓解或消除孩子不想上幼儿园的焦虑。

最后，我更应该在集体活动中关注孩子，及时鼓励、肯定孩子与同伴交往的表现，让孩子快乐地融入集体活动，克服焦虑，让孩子愿意和小朋友玩耍，喜欢上幼儿园。

【题 4-14】如何处理幼儿间的争执？

［主要考核目标］职业认知；心理素质；交流沟通

［评分说明］

（1）良好：儿童观、教育观正确，情绪控制和管理能力强，思路清晰，语言表达清楚、逻辑性强，方法切实、有效、实用。

（2）一般：儿童观、教育观基本正确，有一定的情绪控制和管理能力，思路比较清晰，语言表达比较清楚，方法比较有效。

（3）较差：儿童观、教育观错误，缺乏情绪控制和管理能力，思路不清晰，语言表达比较差，方法不当。

［课证衔接］儿童观；教育观；幼儿教师情绪控制与管理；教师促进幼儿之间的沟通技巧

［参考答案］这是一道主要考查教师促进幼儿之间交流的沟通技巧的策略题。可以参考以下内容回答。

这种现象在幼儿一日活动和生活中经常发生。遇到这种情况时，幼儿园教师首先要控制好自己的情绪，不要将孩子的争执上升到道德高度，需要认识到这是孩子因年龄小不能正确表达感情和需要而形成的，只是以不恰当甚至符合孩子能力特点的方式在满足自己的需要而已。

其次，幼儿之间发生争执时，教师应该一视同仁，分开争执双方，耐心地问清原委，了解事情真实状况，再做进一步处理。在这个过程中教师应当避免使用因为哪个小朋友受委屈就抱怨“你怎么那么笨，他打你，你怎么不打他，活该”等字眼，也不该对打人的孩子怒气冲天，逼问打人原委，避免打人孩子过分害怕，导致后期发生不可忽视的潜在问题。

最后，在离园家长接孩子时，教师根据家长类型特点，有技巧性又客观地向家长交代清楚事情原委。做好双方家长的沟通工作，避免家长与家长、家长与教师潜在问题的发生。

【题 4-15】小朋友不乖，怎么与家长沟通？

［主要考核目标］职业认知；交流沟通

［评分说明］

（1）良好：教育观正确，方法切实、有效、实用，思路清晰，语言表达清楚、逻辑性强。

（2）一般：教育观基本正确，方法比较有效，思路比较清晰，语言表达比较清楚。

（3）较差：教育观错误，方法不当，思路不清晰，语言表达比较差。

［课证衔接］教育观；教师与家长的沟通技巧

［参考答案］这是一道主要考查教师具体分析孩子调皮情况而注意采用与不同家长沟通方式方法的策略题。可以参考以下内容回答。

因孩子不乖而与家长沟通时，要具体问题具体分析，采用不同的沟通技巧方法。

如果是孩子在幼儿园内生活学习方面的问题，在坚持实事求是的同时以积极元素为重，目的是通过家园携手，形成教育合力，促进孩子健康成长。孩子有哪些值得鼓励的行为，有哪些必须控制的行为都要让家长心知肚明。

如果是孩子在园内的安全问题，教师就要诚恳地道清事情原委，争取减少家长与教师之间的误会。

教师要学会与不同类型的家长打交道，做到真诚、有效。

【题 4-16】如果家长一直迟到或经常晚来接孩子，怎么办？

［主要考核目标］职业认知；心理素质；交流沟通

［评分说明］

（1）良好：熟悉幼儿园一日生活离园环节工作任务，情绪控制和管理能力强，方法切实、有效、实用，思路清晰，语言表达清楚、逻辑性强。

（2）一般：基本熟悉幼儿园一日生活离园环节工作任务，有一定的情绪控制和管理能力，方法比较有效，思路比较清晰，语言表达比较清楚。

（3）较差：不熟悉幼儿园一日生活离园环节工作任务，缺乏情绪控制和管理能力，方法不当，思路不清晰，语言表达比较差。

［课证衔接］幼儿教师劳动特点；幼儿园工作双重任务；幼儿园一日生活；教师与家长的沟通技巧

［参考答案］这是一道主要考查一日生活离园环节常见的家长迟接孩子而与之沟通的策略题。可以参考以下内容回答。

家长晚来接孩子，教师首要的就是安抚孩子的情绪，教师或值班教师陪伴孩子一起玩耍，等待家长来接。

教师及时通过电话、班级群联系家长，了解家长迟接的原因。如果是由于工作或堵车等客观原因，教师应该体谅家长，因为幼儿园工作双重任务之一就是为家长工作、生活、学习提供便利。

另外，对于一些家长经常不能正常接孩子的情况，教师和幼儿园要强化服务意识，除了安排值班教师陪护外，可以安排园车接送；如果条件有限，可倡导家园建立“家长联合会”，让家长根据自己情况，相互协调，2 ～ 4 家“组团”接送孩子，幼儿园也要及时做好联系、登记管理工作，确保孩子安全。

【题 4-17】一个小朋友打了另外一个小朋友，家长打了动手的小朋友，你怎么办？

[主要考核目标] 职业认知；教育机智；交流沟通

[评分说明]

（1）良好：教育观正确，思路清晰，语言表达清楚、逻辑性强，方法切实、有效、实用。

（2）一般：教育观基本正确，思路比较清晰，语言表达比较清楚，方法比较有效。

（3）较差：教育观错误，思路不清晰，语言表达比较差，方法不当。

[课证衔接] 教育观；教育机智；教师与家长的沟通技巧

[参考答案] 这是一道主要考查幼儿之间发生肢体冲突而引起家长攻击性行为的连锁反应，教师与家长沟通的策略题。可以参考以下内容回答。

首先，应当尽量避免这类事情的发生。

如若真的发生了，教师又正好看见，首要的就是立刻制止家长的这种行为，安抚被打孩子。然后立即与被打孩子家长取得联系，承认自己工作的失误，没照看好孩子，真诚道歉，请求家长原谅。

如若教师没看见，被打孩子家长来找教师反映情况，教师首先应向家长真诚道歉，承认工作失误，请求家长谅解，并安抚好孩子情绪。然后联系打孩子家长，出面协调，让打人孩子向被打孩子道歉和好，做好沟通工作，让打孩子家长向被打孩子家长表达歉意。

【题 4-18】孩子放学离园的时候，家长看到孩子自己穿衣服，教师站在一旁不管，家长就斥责教师，作为教师你怎么办？

[主要考核目标] 职业认知；心理素质；交流沟通

［评分说明］

（1）良好：熟悉幼儿教师工作职责，情绪控制和管理能力强，积极回应家长诉求，思路清晰，语言表达清楚、逻辑性强，方法切实、有效、实用。

（2）一般：基本了解幼儿教师工作职责，有一定的情绪控制和管理能力，有回应家长诉求意识，思路比较清晰，语言表达比较清楚，方法比较有效。

（3）较差：不熟悉幼儿教师工作职责，缺乏情绪控制和管理能力，缺乏回应家长诉求意识，思路不清晰，语言表达比较差，方法不当。

［课证衔接］幼儿教师工作职责；一日生活保育；教师与家长的沟通技巧

［参考答案］这是一道主要考查幼儿园一日生活保教目标内容与家长教育理念不一致时，教师与家长沟通的策略题。可以参考以下内容回答。

教师首要的是控制好自己的情绪，避免与家长发生冲突。一切因孩子、教育孩子而产生，所以理解家长对我的态度，冷静对待。

待家长心平气和后，进行真诚沟通。向家长说明这个年龄段正是培养孩子生活自理能力的关键期，通过自己穿衣服、系鞋带、拿勺吃饭等自我服务和劳动，培养孩子独立生活的能力，形成良好的自我意识。

还要告知家长，立足幼儿一日生活及各个环节培养幼儿的生活自理能力既是幼儿园保教内容之一，也是幼儿园教师的工作任务和职责，请家长积极配合，形成家园教育合力，促进孩子健康成长。

【题 4-19】作为幼儿教师，面对家长的谴责、刁难，你怎么办？

［主要考核目标］心理素质；交流沟通

［评分说明］

（1）良好：积极主动倾听并回应家长诉求，情绪控制和管理能力强，思路清晰，语言表达清楚、逻辑性强，方法切实、有效、实用。

（2）一般：能够倾听并回应家长诉求，有一定的情绪控制和管理能力，思路比较清晰，语言表达比较清楚，方法比较有效。

（3）较差：缺乏倾听并回应家长诉求意识，缺乏情绪控制和管理能力，思路不清晰，语言表达比较差，方法不当。

［课证衔接］幼儿教师情绪控制与管理；教师与家长的沟通技巧

［参考答案］这是一道主要考查教师面对家长各种责难时与家长沟通的策略题。可

以参考以下内容回答。

这种情况在平时工作中或多或少都会遇到。作为一名合格的幼儿教师，应从以下几个方面做好与这类家长的沟通。

首先，面对家长谴责、刁难，要摆好心态，耐心听完家长的诉求。学会面对家长各种责难，养成良好抗压能力，树立平常心态是一名合格幼儿园教师的必修课。

其次，根据家长抱怨、责难的事情，分情况认真对待。如果是家长误解，应心平气和地作出解释；如果是自己工作失误，应真诚接受家长批评，表示今后会改进自己的教学方式。学会处理危机，攻克危机，也是自我完善提升的过程。

尽管幼儿园教师的工作并不能达到让每个家长都满意，但教师的态度最关键，态度决定一切。

【题 4-20】如何与不同类型的家长沟通，建立和谐稳定的家园合作方式？

［主要考核目标］职业认知；思维品质；交流沟通

［评分说明］

（1）良好：热爱幼教工作，尊重家长，分析问题全面、透彻，思路清晰，语言表达清楚、逻辑性强，方法切实、有效、实用。

（2）一般：对幼教工作有一定热情，基本尊重家长，问题分析比较全面，思路比较清晰，语言表达比较清楚，方法比较有效。

（3）较差：对幼教工作缺乏热情，缺乏尊重家长意识，问题分析简单，思路不清晰，语言表达比较差，方法不当。

［课证衔接］幼儿教师职业道德；教师与家长的沟通技巧

［参考答案］这是一道主要考查幼儿教师与家长沟通的策略题，基本涵盖了教师在保教活动中出现的问题与家长沟通的普适性策略。可以参考以下内容回答。

首先，理解和尊重家长，这是沟通的第一条，也是教师基本素质的体现。

其次，教师一定要树立较强的服务意识。深刻理解幼儿园工作的双重任务与自己工作职责的一致性。

再次，教师与家长沟通时一定要理智，相互信任，相互尊重，树立平常心态，培养抗压能力。

最后，应根据不同家长类型，采用不同的沟通方式，学会与不同个性、素质、家庭背景、职业类型、教育理念的家长沟通交流。

【题 4-21】幼儿园中多数是女教师，如何做好人际沟通？

［主要考核目标］职业认知；交流沟通

［评分说明］

（1）良好：热爱幼儿教育事业，尊重同事，语言表达清楚、逻辑性强，方法切实、有效、实用。

（2）一般：对幼儿教育事业有一定热情，比较尊重同事，语言表达比较清楚，方法比较有效。

（3）较差：对幼儿教育事业缺乏热情，缺乏尊重同事的意识，语言表达比较差，方法不当。

［课证衔接］幼儿教师职业道德；幼儿教师劳动特点；教师与同事的沟通技巧

［参考答案］这是一道主要考查同性别幼儿教师构建良好工作关系的沟通技巧策略题。可以参考以下内容回答。

教师在幼儿园工作中必须学会和同事，特别是同性教师的沟通，双方之间建立和谐的工作关系和良好的私人关系。

我会从以下几个方面做好和女教师的沟通。

首先，以诚相待。和女教师相处，一定要坦诚相待，大家相互了解、相互包容、相互欣赏、相互尊重。这是建立融洽同事关系的前提和基础。

其次，在平时工作中学会沟通的方法和技巧策略，这是关键。自己一定做到尊重对方，遇事心平气和，主动沟通，不咄咄逼人，不盛气凌人，也不暗箭伤人，不人前一套、背后一套，更不会闲言碎语、背后议论、无事生非，做到和蔼可亲，光明磊落；遇到问题，自己会虚心向同事请教，也会热情地力所能及地帮助同事，办事干脆利落、大方得体。

最后，在生活之余，和女教师建立真挚的友谊，通过寻找相同的兴趣、爱好，聊喜欢的服饰，分享好吃的美食，下班后一起逛街等方式，拉近彼此的距离。

【题 4-22】你的同事对孩子没耐心，脾气暴躁，作为同事的你应该怎么办？

［主要考核目标］职业认知；心理素质；交流沟通

［评分说明］

（1）良好：热爱幼教工作，情绪控制和管理能力强，思路清晰，语言表达清楚、逻辑性强，方法切实、有效、实用。

（2）一般：对幼教工作有一定热情，有一定的情绪控制和管理能力，思路比较清晰，语言表达比较清楚，方法比较有效。

（3）较差：对幼教工作缺乏热情，缺乏情绪控制和管理能力，思路不清晰，语言表达比较差，方法不当。

［课证衔接］幼儿教师专业（化）发展共同体；教师与同事的沟通技巧

［参考答案］这是一道主要考查幼儿教师专业（化）发展共同体的策略题。可以参考以下内容回答。

在现实工作中，这样的同事，确实也存在。作为同事的我，会努力从以下几个方面为其提供帮助。

在平时保教活动中我会仔细观察同事对孩子没耐心、脾气暴躁的具体情况，对她的不良情绪先给予安抚，我会婉转地说："这帮小家伙太顽皮了，也经常惹得我发脾气，我很理解你。"然后根据具体情况含蓄引导，如"不过孩子天性都这样，我发现给孩子讲个故事引导比发脾气效果好；或在他们大声吵吵的时候，我突然不出声，冷处理反倒能让他们安静下来"。

我也会在她发脾气前用我们熟悉的幽默方式暗示提醒她，帮助她找到控制自己情绪的方法。

【题 4-23】你从大班轮到小班，小班老师把自制玩具拿走了，你去原来大班拿，现在大班老师又不给，你怎么办？

［主要考核目标］思维品质；心理素质；交流沟通

［评分说明］

（1）良好：问题分析全面、透彻，情绪控制和管理能力强，思路清晰，语言表达清楚、逻辑性强，方法切实、有效、实用。

（2）一般：问题分析比较全面、透彻，有一定的情绪控制和管理能力，思路比较清晰，语言表达比较清楚，方法比较有效。

（3）较差：问题分析不全面、不透彻，缺乏情绪控制和管理能力，思路不清晰，语言表达比较差，方法不当。

［课证衔接］幼儿教师口语；教师与同事的沟通技巧

［参考答案］这是一道主要考查因玩教具制作和利用问题做好与同事沟通的策略题。可以参考以下内容回答。

我会了解幼儿园玩教具制作利用与管理规定，做到"对事不对人"。

如果是玩教具跟人的话，可以问现在大班老师要回自制玩具。

如果是玩教具跟班的话，则询问原来小班老师要回自制玩具。

在与其他老师沟通的过程中，一定要讲究说话艺术，客气友善，不伤和气地沟通。比如玩教具跟班的情况，可以以请教的口气和原来小班老师沟通“某某老师，请教一下，原来您上活动时，用的是什么玩具？”“我本来也想自己制作，但是时间紧，担心做不好，也听园长说咱们园教具跟班，所以我就来找您帮忙。”

【题 4-24】小明对王老师说他不喜欢张老师，如果你是王老师，该怎么办？

［主要考核目标］了解幼儿；交流沟通

［评分说明］

（1）良好：熟悉幼儿个体发展特点，积极主动回应幼儿需要，思路清晰，语言表达清楚、逻辑性强，方法切实、有效、实用。

（2）一般：基本熟悉幼儿个体发展特点，有回应幼儿需要意识，思路比较清晰，语言表达比较清楚，方法比较有效。

（3）较差：不熟悉幼儿个体发展特点，缺乏回应幼儿需要意识，思路不清晰，语言表达比较差，方法不当。

［课证衔接］幼儿身心发展特点；教师与同事的沟通技巧

［参考答案］这是一道主要考查构建优质师幼关系与教师之间沟通的策略题。可以参考以下内容回答。

首先，我会先询问小明“为什么不喜欢张老师”，了解他不喜欢张老师的原因，如果断定是为了讨好王老师而故意这样说的，要对其进行引导，告诉他这样做对张老师很不公平。

如果是真的不喜欢张老师，应与小明做好沟通，让孩子消除对张老师的一些误解。

其次，私下委婉地与张老师沟通，在保教活动中注意消除影响孩子对张老师产生误解的行为或因素，让孩子喜欢上张老师。

最后，我会专门组织“我爱老师”的系列教育活动，帮助孩子了解老师工作的辛苦，激发孩子喜欢老师的情感。

【题 4-25】假如你是幼儿园教师，有个孩子告诉家长说你骂别的小朋友，该幼儿家长找到园长，现在园长又找到你，请问你会怎么办？

［主要考核目标］心理素质；反思与评价；交流沟通

［评分说明］

（1）良好：尊重家长，尊重园长，情绪自我控制和管理能力强，主动倾听并回应，能正确自我反思，语言表达清楚、逻辑性强。

（2）一般：比较尊重家长，比较尊重园长，有一定的情绪自我控制和管理能力，有倾听和回应意识，有自我反思意识，语言表达比较清楚。

（3）较差：缺乏尊重家长、尊重园长意识，缺乏情绪自我控制和管理意识，缺乏倾听和回应意识，缺乏自我反思意识，语言表达不清楚。

［课证衔接］幼儿教师情绪控制与管理；教育评价；教师与园长的沟通技巧

［参考答案］这是一道主要考查因教师言行不当而使家长向园长告状，需要与园长沟通的策略题。可以参考以下内容回答。

首先，我会向园长道歉，因为自己不恰当的处理问题方式，导致孩子和家长对我造成误解，间接影响了幼儿园的形象和声誉。

其次，向园长解释清楚事情原委，说明自己并没有打骂孩子，可能由于自己当时说话的语音、语调有些高，处理方式不当，导致其他小朋友产生了误会，以为在打骂小朋友。请园长能够理解和信任我。

再次，经园长允许，我会主动联系两位家长，说明事情的经过和处理方式，澄清误会。如果家长还存在质疑，可以申请调视频监控，消除误会。

最后，最根本的就是通过这件事，自身认真反思对待孩子的行为和态度，特别是一些日常工作细节，如讲话语气语调、肢体言语动作方面，对于容易导致孩子误会或存在的不当之处，我一定改正，多向其他优秀老师学习，让我更加喜爱孩子们，让自己时刻保持足够的爱心、耐心和细心，让孩子们喜欢我。

【题 4-26】一次全园大会上，园长当众狠狠地批评了你，而且措辞极其难听，你会怎么做？

［主要考核目标］心理素质；交流沟通；反思与评价

［评分说明］

（1）良好：情绪自我控制和管理能力强，能正确自我反思，语言表达清楚、逻辑性强。

（2）一般：有一定的情绪自我控制和管理能力，有自我反思意识，语言表达比较清楚。

（3）较差：缺乏情绪自我控制和管理意识，缺乏自我反思意识，语言表达不清楚。

［课证衔接］幼儿教师情绪控制与管理；教师与园长的沟通技巧；教育评价

［参考答案］这是一道主要考查因教师工作不力而导致与园领导工作关系产生危机

的策略题。可以参考以下内容回答。

首先诚恳道歉，表示一定努力改正错误。

面向全体同事，认真反思自己的错误所在，坦诚剖析导致错误的原因，深刻思考改正错误的方法，并请园长和大家帮助自己成长。

会后单独找到园长，真诚感谢园领导的严格要求，就改正的想法征求园长意见，并把不是自己的错误委婉说明，消除一些误会，但注意说话方式和表达程度，避免产生更大的误会。同时，如果园长当众言辞涉及侮辱人格，我会提出并请园长道歉。

在今后保教工作中，我会以实际行动改正自己，提升自己，始终告诫自己“同样的错误不可以出现第二次，在什么地方跌倒，就从什么地方爬起来”。

【题 4-27】你正在跟幼儿谈话，然后园领导急忙叫你出去，你怎么办？

［主要考核目标］职业认知；思维品质；交流沟通

［评分说明］

（1）良好：尊重幼儿，尊重园长，问题分析全面、透彻，解决问题方法切实、有效、实用，语言表达清楚、逻辑性强。

（2）一般：比较尊重幼儿，比较尊重园长，问题分析比较全面，解决问题方法比较实用，语言表达比较清楚。

（3）较差：缺乏尊重幼儿、尊重园长意识，问题分析不全面，解决问题方法不当，语言表达不清楚。

［课证衔接］幼儿教师工作职责；教师与园长的沟通技巧

［参考答案］这是一道主要考查因正常保教工作活动时间与园领导指示时间发生冲突时和园领导沟通的策略题。可以参考以下内容回答。

我认为在正常保教活动时，园领导急忙叫我出去，我应该坚持具体问题具体对待。

如果园领导事出紧急，我会先将安排、引导方法给孩子说清楚，结束和孩子的谈话，并主动请配班教师和保育员帮忙照看孩子，让孩子的活动或游戏继续正常进行。

如果园领导事情不紧急，先跟园长解释一下，待安顿好孩子后到办公室去找她。随后将安排、引导方法跟幼儿讲清楚，结束谈话，并请配班教师和保育员看护孩子。

【题 4-28】你想去进修，园长不同意，你会怎么做？

［主要考核目标］职业认知；思维品质；交流沟通

［评分说明］

（1）良好：尊重园长，积极倾听，问题分析全面、透彻，解决问题方法灵活、变通性强、切实、有效、实用，语言表达清楚、逻辑性强。

（2）一般：比较尊重园长，有倾听意识，问题分析比较全面，解决问题方法比较灵活、变通、实用，语言表达比较清楚。

（3）较差：缺乏尊重园长意识，问题分析不全面，解决问题方法不当，缺乏灵活性、变通性，语言表达不清楚。

［课证衔接］幼儿教师专业（化）成长与发展；教师与园长的沟通技巧

［参考答案］这是一道主要考查教师个人进修提升意愿与园长态度不一致时和园长沟通的策略题。可以参考以下内容回答。

我会积极主动和园长沟通，了解她不同意的原因。

如果是因为进修名额有限，园长已安排其他同事进修，说明我还未达到培训要求，我要放平心态，安慰自己以后还有很多机会，今后加强自主学习努力提升自己，争取早日达到进修培训要求。同时，平时多跟园长沟通，表达自己对进修学习提升业务能力的强烈愿望和上进心。

如果是工作方面的原因，园长担心我去进修会耽误教学工作，我会与其他同事协调好相关工作任务分配，从而抽出一定空余时间进修而又不耽误正常工作，并将协调结果汇报园长，争取园长同意。如果园长还是不同意，我也要摆正心态，以平常之心待之，先做好本职工作，平时多跟园长沟通，争取以后进修机会。

总之，要保持上进心和进修提升的强烈愿望，以平常心态对待，多跟园长沟通，做好本职工作，提升自身水平，努力争取进修机会。

【题 4-29】班里养了一只兔子，突然死了，全班孩子都很伤心。作为一名幼儿园教师你会怎么安慰大家？

［主要考核目标］思维品质；了解幼儿；技能技巧

［评分说明］

（1）良好：热爱幼儿，熟悉幼儿身心发展特点和需求，解决问题方法灵活、变通性强、切实、有效、实用，语言表达清楚、逻辑性强。

（2）一般：比较热爱幼儿，比较熟悉幼儿身心发展特点和需求，解决问题方法比较灵活、变通、实用，语言表达比较清楚。

（3）较差：对幼儿缺乏爱心、耐心，不熟悉幼儿身心发展特点和需求，解决问题方法不当，缺乏灵活性、变通性，语言表达不清楚。

［课证衔接］教育机智；幼儿发展理论；幼儿园教育活动设计

［参考答案］这是一道主要考查幼儿正常保教活动中遇到动物、人等死亡事件受到惊吓、感到伤心难过时教师教育机智的策略题。可以参考以下内容回答。

这是一次给孩子进行“死亡教育”的好机会。

我可以用一些绘本故事如《爷爷一定有办法》，通过绘本故事让孩子明白小兔子和我们人一样都会经历生老病死，死亡不可怕，小兔子希望我们不要伤心。

还可以组织孩子开展一场“兔子的葬礼”活动，回忆兔子给小朋友带来的美好回忆，祝福小兔子一路走好。

【题4-30】在讲数字2时，有小朋友大声说，这是一条蛇，老师讲讲蛇吧，你怎么办？

［主要考核目标］思维品质；了解幼儿；技能技巧

［评分说明］

（1）良好：热爱幼儿，积极主动回应幼儿身心发展需求，解决问题方法灵活、变通性强、切实、有效、实用，语言表达清楚、逻辑性强。

（2）一般：比较热爱幼儿，具备回应幼儿身心发展需求意识，解决问题的方法比较灵活、实用，语言表达比较清楚。

（3）较差：对幼儿缺乏爱心，缺乏回应幼儿身心发展需求意识，解决问题方法不当，缺乏灵活性、变通性，语言表达不清楚。

［课证衔接］教育机智；幼儿发展理论；幼儿园教育活动设计

［参考答案］这是一道主要考查幼儿在数学认知活动中有“意外”回应或要求时教师教育机智的策略题。可以参考以下内容回答。

这种情况，在幼儿园保教活动中很常见，因为具体形象思维是幼儿期典型的思维方式，认识数字时不守恒现象普遍，每个幼儿生活经验水平不同，对同一个事物具体形象的经验表征也不同。

在认识数字2的活动中，遇到这种情况时，我会在小朋友们面前表扬孩子，并鼓励其他幼儿对数字2进行大胆想象。

然后正确引导幼儿认识2。首先利用简笔画在小黑板上画一只像“2”的小蛇，并与提前准备好的数字2卡片上下匹配、一一对应。接着，鼓励幼儿大胆想象，还有哪些东西和2很像，通过变式守恒的学习，帮助幼儿初步建立起2的守恒感知，即2像蛇，也像小鸭子水里游等，纠正蛇就是2，2就是水里游的小鸭子等认知。

【题 4-31】幼儿被劫持了怎么办？

［主要考核目标］职业认知；思维品质；心理素质

［评分说明］

（1）良好：镇定，心理素质过硬，以幼儿人身安全为本意识较强，安抚好幼儿情绪，缓解危机方法、策略灵活、有效，语言表达清楚、逻辑性强。

（2）一般：比较镇定，心理素质较强，有以幼儿人身安全为本意识，能够安抚幼儿一定的情绪，缓解危机方法、策略比较灵活，语言表达比较清楚。

（3）较差：不镇定，心理素质差，缺乏以幼儿人身安全为本意识，无法安抚幼儿情绪，缓解危机方法、策略不当，语言表达不清楚。

［课证衔接］幼儿园工作职责；幼儿园安全教育；教育机智；幼儿教师情绪控制与管理

［参考答案］这是一道主要考查幼儿遇到人为或不可抗拒力量威胁生命时教师应急应变机智的策略题。可以参考以下内容回答。

这种事情是所有人都不愿意看到的，但作为幼儿园安全教育却是必须认真面对和预防的工作。在有准备的模拟演练或真实突发事件中，教师应该努力做到以下几点。

首先，一定要镇定。让自己冷静下来，相信自己，相信救援马上到。给自己足够大的力量和信心。

其次，安抚歹徒，拖延时间，切忌用言行激怒歹徒。根据现场情况灵活采用动之以情、晓之以理等心理战术，跟歹徒协商交换人质，保护孩子安全。

最后，安抚孩子情绪，让孩子不要害怕，个别孩子可能会出现极度恐慌哭叫的情况，教师应把孩子搂抱进怀里，避免直视歹徒，并轻声安慰，尽可能把所有孩子围抱成一圈，背向歹徒，以保证孩子安全。

如果可能的话，利用现场各种条件偷偷报警，切忌被歹徒发现，以免激怒歹徒。

【题 4-32】一次游戏过程中，有小朋友受伤了，你会怎么处理？

［主要考核目标］思维品质；技能技巧

［评分说明］

（1）良好：以幼儿人身安全为本意识较强，能及时照顾安抚好幼儿的情绪，急救处理方法得当、有效，语言表达清楚、逻辑性强。

（2）一般：有以幼儿人身安全为本意识，有照顾安抚幼儿意识，急救处理方法比较得当，语言表达比较清楚。

（3）较差：缺乏以幼儿人身安全为本意识，缺乏照顾安抚幼儿意识，急救处理方法不当，语言表达不清楚。

［课证衔接］教育机智；幼儿意外伤害急救

［参考答案］这是一道主要考查幼儿在游戏活动中突发幼儿身体伤害时教师教育机智的策略题。可以参考以下内容回答。

首先，对受伤孩子进行安抚，请同事组织照看其他孩子，迅速查看孩子伤情。

如果孩子伤情较轻，按照幼儿急救措施预案迅速采取急救，避免发生二次伤害，并及时联系保健医生。如果伤势较重，立马打电话联系医务室、园长和“120”急救中心，尽快送往医院进行救治，并及时通知家长。

事后，针对此事，进行深刻反省，分析出现此次事故的原因，并采取有效措施，杜绝此类事情的再次发生。

【题 4-33】孩子在教室里找不到了，但是确定没出幼儿园，你会怎么办？

［主要考核目标］职业认知；思维品质

［评分说明］

（1）良好：熟悉幼儿园班级环境，了解幼儿身心发展特点与需要，问题分析全面、深入，思路清晰，语言表达清楚、逻辑性强，方法切实、有效、实用。

（2）一般：比较熟悉幼儿园班级环境，比较了解幼儿身心发展特点与需要，问题分析比较全面，思路比较清晰，语言表达比较清楚，方法比较有效。

（3）较差：不熟悉幼儿园班级环境，不了解幼儿身心发展特点与需要，问题分析不全面，思路不清晰，语言表达不清楚，方法不当。

［课证衔接］幼儿园班级管理；教育机智

［参考答案］这是一道主要考查幼儿在园却“隐身”的潜在安全问题的教师教育机智策略题。可以参考以下内容回答。

这种现象在幼儿园很常见。孩子好奇好动，经常跑出班级到别的教室或幼儿园内走廊、活动室、操场等公共场所玩耍。若确定孩子没走出园所，就把寻找范围定格在园内。为了防止发生其他的校园安全事故，幼儿园和教师应该做好以下几点。

日常做好园车接送管理、防火防电和门卫管理等内部安全管理工作，坚决杜绝因园车接送、防火防电和门禁制度疏忽造成不可挽回的安全事故的发生。

确定孩子在园后，调动园内所有教师，通过微信群、QQ 群等方式把丢失孩子照片和特征发到群里，询问其他教师是否见过孩子，这是最快最便捷也是最有效的寻找孩子的方式。

也可以调监控，查看孩子行踪，以最快速度找到孩子。

【实操强化】

• 幼儿午休时，有一个孩子不睡觉一直吵闹，面对这种情况你会怎么办？

• 你班上的一名幼儿性格孤僻胆小，不爱说话，也不与其他幼儿交流，你怎么办？

• 两个孩子抢积木，你会怎么办？

• 小明和佳佳在争抢娃娃，佳佳哭了，小明却说佳佳因为摔了一跤哭了，你怎么办？

• 你班三名小朋友在玩儿喜羊羊与灰太狼的游戏，其中一名幼儿提出把灰太狼绑在电线杆上用火烧，当你进行制止时小朋友却说“电视上就是这么演的”，你怎么办？

• 幼儿园开家长会，大部分家庭来的都是妈妈，爸爸很少出席，针对这种情况你该怎么办？

• 如果有幼儿家长对你表达爱慕和喜欢之意，你该怎么办？

• 有家长把一个信封交给你，你打开一看里面有一张购物卡，你该怎么办？

• 幼儿升大班后，经常有家长不放心地问你，怎么还不教孩子写字、学拼音、学数学题，也不布置家庭作业，孩子将来在小学能适应吗？你怎么办？

• 幼儿园要求各班建家长 QQ、微信群，但是老师反映要回答家长的问题只能在休息时间，感觉很累，你怎么看？

• 有家长向园长反映你教学水平方法有问题，你如何处理？

• 李老师要求幼儿安静地玩游戏，小亮搭出一个飞机高兴地大叫，李老师制止了小亮的欢呼，恰巧邻班的老师过来，李老师开始与邻班老师说说笑笑，你怎么看？

• 在教学活动中，你要求幼儿保护环境，文文说：“没有垃圾箱，垃圾拿在手里很脏，大人也这样说。”面对这样的问题，你怎么办？

• 教材里有这样一首儿歌：“布娃娃，大眼睛，小嘴巴，真漂亮”，但有的幼儿是小眼睛、大嘴巴，你在教这首儿歌时应该注意什么？

• 你班小朋友佳佳下午活动时突然不见了，在确定她没有出幼儿园大门后，终于在美术活动室找到了她，她把自己的指甲和脸上都涂上红色的墨水，还高兴地问你：“我漂亮吗？”你怎么办？

3. 既有观点又有策略题

从幼儿园教育常见保教问题、教育现象考查考生对幼儿教育基本理念，专业认知，教师职业道德，幼儿园教育目标、原则、内容、方法，幼儿园课程与教学组织、评价，教师专业（化）成长与发展的保教知识与综合素质的理解以及运用上述知识分析保教问题、教育现象，提出专业性的教育建议或对策。

【题 4-34】对于小朋友周六、周日有很多兴趣班的情况，你怎么看待？

［主要考核目标］了解幼儿；思维品质

［评分说明］

（1）良好：教育观正确，了解幼儿身心发展特点与需要，问题分析全面、深入，思路清晰，语言表达清楚、逻辑性强。

（2）一般：教育观基本正确，基本了解幼儿身心发展特点与需要，问题分析比较全面，思路比较清晰，语言表达比较清楚。

（3）较差：教育观错误，不了解幼儿身心发展特点与需要，问题分析出现错误，思路不清晰，语言表达比较差。

［课证衔接］教育观；幼儿园全面发展教育原则；幼儿发展理论

［参考答案］这是一道主要考查运用幼儿园全面发展教育原则分析幼儿期兴趣班现象的既有观点又有策略题。题目中的关键词“看待”，简而言之就是看法和对待，所以本题答题思路一般是先对兴趣班现象进行定性表态，然后依据相关原理分析兴趣班支持你的看法，最后就是构建对待兴趣班的方法策略。可以参考以下内容回答。

这种教育现象很普遍，对待兴趣班问题，我个人觉得要一分为二看待。

全面发展教育是幼儿园教育的基本原则，应对幼儿实施德、智、体、美、劳全面发展教育，促进幼儿身心健康和谐发展，而不应片面追求某一方面或几方面的发展。全面发展的同时，也要从幼儿的兴趣、爱好、特长出发，尊重幼儿的个性，避免千人一面，培养幼儿的兴趣爱好，这是全面发展教育的归宿。

面对幼儿园教育阶段，周末的兴趣班现象，问题的关键在于家长是否有发现孩子兴趣爱好的智慧和能力。

如果我是家长，我首要的是通过平时有意识地观察发现孩子的兴趣、爱好，然后在保证孩子游戏玩耍时间的前提下，可以选择与孩子兴趣、爱好一致的兴趣班，培养孩子的兴趣等个性，促进孩子的发展。

相反，如果孩子不感兴趣，家长也就没有必要按照自己的意愿强迫孩子报周末兴趣班，避免揠苗助长，损害幼儿身心健康发展。

【实操强化】

• 教师偏爱一些孩子，另一些孩子有意见该如何对待？

• 有人认为社会育人环境差了，学校教育无能为力，你如何看待？

• 教师节快到了，手工课上，教师带孩子们做贺卡，有孩子说不环保，你如何看待？

• 你怎么看待教师穿拖鞋上班？

• 豆豆小朋友在搭积木时，自言自语地说话，老师很生气，批评了他，你怎么看？

• 绘画课上，大伟将车轮画成两只脚，并在车身上画上翅膀，教师看到后马上对他说："汽车上哪有翅膀，你再好好观察一下。"大伟随之将车画成普通的样子。对老师的这种做法你怎么看？

二、课证融合分析

按照幼儿教师资格考试面试评分细则，结合《学前教师职业能力标准（试行）》，主要考点与专业知识衔接如表 4-1 所示。

表 4-1　幼儿园教师资格考试面试结构化问题考点分析与课证衔接一览

序号	考点分析			课证衔接	主要题型
1	职业认知	职业认同	1. 从教动机愿望，有正确的幼儿教师职业认知，了解其基本内容和职责 2. 热爱幼儿，尊重幼儿，有责任心	1. 幼儿教育理念、幼儿教师职业价值、劳动特点 2. 教师观、教育观、儿童观 3. 幼儿教师专业（化）成长与发展 4. 新时代党和国家教育方针政策、学前教育法律法规、思想政治素养、传统文化素质与通识知识、职业道德规范、基础教育新课改理念	1. 观点题 2. 既有观点又有策略题
		职业态度			
2	心理素质	情绪调控	1. 有一定的情绪调控能力，能较快地进入正常情绪状态	1. 儿童观 2. 幼儿教师专业素养 3. 幼儿教师劳动特点 4. 幼儿与教师关系及作用 5. 幼儿教师情绪管理与自我调控 6. 教育机智	1. 观点题 2. 策略题 3. 既有观点又有策略题
		性格特征	2. 乐观开朗，自信心强		

续表

序号	考点分析			课证衔接	主要题型
3	仪表仪态	行为举止	1. 行为举止自然大方、有礼貌，态度亲和	1. 幼儿与教师关系 2. 幼儿教师劳动特点 3. 幼儿教师专业素养	1. 观点题 2. 既有观点又有策略题
		服饰仪表	2. 服饰得体，整体协调，符合幼儿教师职业特点		
4	交流沟通	言语表达	1. 有一定的与幼儿交流沟通能力。善于倾听，能以幼儿理解的语言、语气、语调、语速等与幼儿说话，有感染力和亲和力 2. 有一定的与家长、同事交流沟通能力。善于理解、语言文明、沟通顺畅	1. 幼儿教育理念 2. 幼儿教师专业能力 3. 幼儿与教师关系 4. 教师与幼儿的沟通 5. 教师与幼儿家长的沟通 6. 教师促进幼儿之间交流的沟通 7. 教育机智	1. 策略题 2. 既有观点又有策略题
		倾听理解			
5	思维品质	问题分析	1. 问题抓得准，能从多个角度分析问题，思维逻辑性强 2. 应变能力强，解决问题富有创意	1. 幼儿园教育目标、任务、原则、内容 2. 幼儿园活动设计与指导 3. 幼儿园一日生活指导 4. 幼儿游戏活动指导 5. 幼儿园环创与利用 6. 家园合作 7. 幼小衔接 8. 幼儿园教育评价 9. 幼儿教师专业素养 10. 教育机智	1. 观点题 2. 策略题 3. 既有观点又有策略题
		问题解决			
6	了解幼儿	年龄特征	1. 准确把握幼儿年龄特征 2. 准确把握幼儿发展特点，了解幼儿兴趣、需要 3. 关注幼儿的个体差异	1. 幼儿发展理论 2. 幼儿教育理念 3. 幼儿园教育目标 4. 幼儿园教育原则	1. 观点题 2. 策略题 3. 既有观点又有策略题
		发展特点			

续表

序号	考点分析			课证衔接	主要题型
7	技能技巧	基本技能	1. 具备一定的弹、唱、画、跳、做游戏、讲故事、手工制作等基本技能	1. 幼儿园课程与教学 2. 幼儿园教育活动计划与实施 3. 幼儿园一日生活指导 4. 幼儿游戏活动指导 5. 幼儿园环创与利用 6. 教育机智	1. 观点题 2. 策略题 3. 既有观点又有策略题
		保教实践能力	2. 能运用上述基本技能开展保教活动的能力		
8	评价与反思	评价	1. 能从幼儿教育专业角度对现场展示进行客观、准确、较全面的评价	1. 幼儿园教育目标、任务、原则、内容 2. 幼儿园课程与教学 3. 幼儿园教育活动计划与实施 4. 幼儿园一日生活指导 5. 幼儿游戏活动指导 6. 幼儿园环创与利用 7. 幼儿园教育评价 8. 幼儿教师专业（化）成长与发展 9. 学前教育法律法规	1. 观点题 2. 策略题 3. 既有观点又有策略题
		反思	2. 能根据评价结果进行反思，并对自己的问题或不足提出适宜的改善办法		

第二节 第二环节：10 分钟展示

回答两个规定问题结束后，进入第二环节：10 分钟展示。展示的内容、方式、要求就是备考室备考的试题清单所列内容。换而言之，10 分钟展示就是将备考室内备考的内容在面考室进行展示。

展示环节是幼儿园教师资格面试的中心环节，时间为 10 分钟。按照《幼儿园教师资格考试大纲（试行）（面试部分）》（以下简称《考纲》）考核目标七明确规定，这一环节考核的是技能技巧。主要考查考生弹唱、绘画、跳舞、游戏、故事、儿歌、手工制作等专业技能技巧以及运用上述技能技巧组织开展保教活动的能力。展示试题是由考生从教育部考试中心研制的面试测评系统题库中随机抽取生成的。试题内容和基本要求具有多样性，如“弹唱歌曲，模拟组织幼儿教‘歌唱表演’活动”（附歌曲简谱）；“为故事配插图，回答问题：利用作品，可以组织幼儿开展哪些活动”；“结合动作示范，讲解游戏规则和玩法，回答问题：你认为幼儿在游戏中会遇到哪些困难，如何解决”；“模拟向幼儿讲故事，回答问题：请提两个问题，帮助幼儿理解故事内容”等。

一、展示的内容

展示环节的内容是考生根据所给试题清单内容，在规定时间内，面向考官完成基于幼儿园保教工作任务的活动片段或专业技能技巧的展示，是考生表现其专业理念、专业知识和专业能力以及综合素质的集中体现。

根据近年面试展示内容与要求来看，主要是基于幼儿园保教岗位工作任务要求的专业技能技巧和专业能力，这些考核目标内容与学前教育专业基础知识和实践能力紧密衔接，具体如表 4-2 所示。

表 4-2　展示内容考核目标与主要职业能力（知识）

<table>
<tr><th colspan="3">考核目标</th><th>主要专业实践能力（知识）</th></tr>
<tr><td rowspan="8">技能技巧</td><td rowspan="7">基本专业技能</td><td>弹唱</td><td>歌曲弹唱技能、表演歌曲技能</td></tr>
<tr><td>绘画</td><td>主题绘画，领域活动绘画，为诗歌、故事、歌曲、游戏规则配插图等技能</td></tr>
<tr><td>跳舞</td><td>表演故事、表演歌曲、表演儿歌、表演游戏等技能</td></tr>
<tr><td>游戏</td><td>讲解游戏规则玩法、创编游戏、介入指导游戏、手指游戏、结构游戏、音乐游戏、智力游戏</td></tr>
<tr><td>故事</td><td>文本、情境（景）、看图、续（创）编等讲故事技能</td></tr>
<tr><td>儿歌</td><td>儿歌手指操、看图创编儿歌、表演儿歌［念（诵）、唱、教］、学儿歌等技能</td></tr>
<tr><td>手工制作</td><td>折纸、剪纸等纸工，泥拓印、捏塑等泥工，点状、线状、面状材料粘贴等技能</td></tr>
<tr><td>基本保教实践能力</td><td>运用上述基本技能组织开展保教活动的能力</td><td>音乐教育活动：歌唱活动、韵律活动、音乐游戏
美术教育活动：绘画活动，剪纸、折纸、撕纸、泥工、粘贴等手工活动
语言教育活动：故事讲述活动，诗歌、儿歌等活动，文学作品活动
科学教育活动：观察认识活动、实验操作活动、科技制作活动、科学讨论活动、数学活动等
各类游戏活动：创造性游戏和规则性游戏活动的组织与指导
利用上述技能及作品组织开展健康、社会领域的活动</td></tr>
</table>

二、展示的方式

从课证衔接角度，对面试考核目标和内容进行分类，展示内容与主要展示方式如表 4-3 所示。

表 4-3　展示内容与主要展示方式

序号	展示内容	主要展示方式
1	幼儿游戏展示	讲解游戏规则、创编游戏、介入指导、拼搭结构游戏、表演手指游戏、模拟组织游戏以及回答问题
2	幼儿故事展示	文本讲故事、情境（景）讲故事、看图讲故事、表演故事、为故事配插图、创（续）编故事、给故事取名提问以及回答问题
3	儿歌（曲）展示	幼儿歌曲弹唱，组织教、学唱歌曲，儿歌（曲）表演，儿歌手指操，看图编儿歌，为儿歌（曲）配插图以及回答问题
4	幼儿绘画展示	主题活动绘画、领域活动绘画、为诗歌配插图、为故事配插图、为歌曲配插图、为游戏规则配图示以及回答问题
5	幼儿手工展示	折纸、剪纸、撕纸等纸工，捏塑等泥工，粘贴并回答问题
6	领域活动组织	模拟组织科学领域、健康领域、社会领域等活动以及回答问题

第三节　第三环节：5 分钟答辩

考官依据幼儿园教师基本素质要求，结合考生整个面试情况，特别是展示过程，在答辩环节测评的要素主要从思想道德素质、知识涵养、保教能力、环创能力、游戏指导能力、教育机智、个性特点等方面结合考生考题和展示表现，进行针对性提问，从而使考官得到一个比较全面、客观的立体印象，为选拔合格的幼儿园教师提供充分依据。

如考生在第一节回答两个规定问题后，在这一环节考官可以提出 1 ～ 2 个问题（也可以是其他 1 ～ 2 个问题，应根据考生回答问题情况确定）。

【题 4-35】2014 年 9 月，习近平总书记在与北京师范大学师生座谈时，提出了“四有”好教师标准，请问“四有”指的是哪“四有”？

问题：请结合新时代幼儿园教师职业特点，谈谈你对习近平总书记提出的“四有”好教师标准的理解。

【题 4-36】近期网络上出现了一些教师暴力对待幼儿的视频或图片，对此你怎么看？

问题：如果你发现身边的老师有辱骂、虐待学生的行为，你会怎么办？

【题 4-37】学生放学离园的时候，家长看到孩子自己穿衣服，教师站在一旁不管，家长当即斥责教师，作为教师，你怎么办？

问题：家长在斥责教师的同时，用手机把孩子自己穿衣服的过程拍照，事后又发到 QQ 群和朋友圈，标注说“教师站一旁不管”，你在网上看到这些信息后，会怎么办？

【题 4-38】当幼儿教师面对家长的谴责、刁难时，你怎么办？

问题：你在幼儿园实习或工作中遇到过家长对你工作的谴责或刁难吗？如果有，请具体说一说当时情境和你是如何应对的。

又如，在展示环节，考生抽取到本书第五章、第六章、第七章、第八章、第九章测试试题时，也可以提出以下 1 ～ 2 个问题。

【题 4-39】“好玩的小绳子”

第一个问题：你刚刚演示的游戏适合哪个年龄段的幼儿，为什么？

第二个问题：在刚才演示游戏玩法过程中，你认为幼儿会遇到哪些困难，你如何帮助幼儿解决？

【题 4-40】“小班要体检”

第一个问题：你刚才的情境表演，是针对小班幼儿哪些特点来设计和组织的？

第二个问题：在你组织这个情境表演讲故事活动中，你认为小班幼儿会出现哪些问题，你如何帮助他们解决？

【题 4-41】歌唱《小鸡出壳了》

第一个问题：这首歌曲表达的内容是什么？

第二个问题：组织歌唱活动时要注意的教学难点是什么？

【题 4-42】儿歌《小雨点》

第一个问题：这个儿歌适合哪个年龄段的孩子？

第二个问题：学儿歌活动的组织环节可以有哪些？

【题 4-43】“我爱喝水”墙饰

第一个问题：利用这个墙饰，还可以组织幼儿开展哪些主题活动？

第二个问题：请以其中一个主题活动为例，说说如何组织活动。

答辩环节主要考查考生以下几个方面的素质和能力。

1. 对结构化问题和展示环节的解读与反思能力

答辩中，考官一般可考查考生在 5 分钟回答规定问题和 10 分钟展示中出现的问题或漏洞，或考官对某个部分有疑虑时，继续提问考生进一步释疑，或考官对考生回答问题或展示部分精彩之处的考究。如果考生的回答或展示仅仅是流于形式或偶发碰巧，那么在这个环节很容易被发现，从而影响考官对考生最终成绩的评定。

2. 语言表达和逻辑思维能力

语言表达和逻辑思维能力贯穿整个面试过程，在答辩环节考生与考官面对面的直接交谈，则是要重点考查考生能否在短时间内组织语言并有逻辑地、条理地、清晰地、互动地表达自己真实的观点。

3. 人际交往能力

答辩环节是考生与考官最直接的人际互动交往过程。若考生在答辩环节能够就考官提出的问题，积极主动地、真诚地与考官互动，营造良好的人际交往互动氛围，展示考生良好的人际交往能力，考官也会在“交流沟通”测试评定项目中给考生酌情加分。

4. 心理素质

答辩环节，是考生事先无准备情况下即时回答考官所提的问题，具有不可预期性。考生在短时间内必须做出回答，主要是考查考生能否根据现场情境调控情绪，能否较快地进入正常情绪状态，能否表现出乐观开朗和自信。因此，此环节对于考生的心理素质是一个考验，考官可由此评判考生的心理素质并进行打分。

第四节　本章小结

一、常见问题诊断

（1）5 分钟回答两个规定问题时不能准确理解问题，回答表述缺乏逻辑性和专业性。

（2）不能正确理解回答规定问题的本质，结构化问题面试礼仪有待提升。

（3）保教实践知识基础薄弱，保教实践经验不足。

（4）缺乏辩证地、联系地、发展地看待保教问题以及学前教育专业理论联系保教实践的思维能力。

二、学习建议

1. 准确理解问题（情境），判断问题类型

一边认真听考官读题，在听不清楚问题时待考官读完题后应主动请求考官再读一次："考官，可以再读一遍吗？"一边迅速正确理解问题题意，通过关键词快速判断问题类型，聚焦课证衔接，快速头脑风暴形成大概思路。如听觉系统收到"有家长把一个信封交给你，你打开一看里面有一张购物卡，你该怎么办"的信息后，第一反应就是"家长给教师送购物卡，怎么办"，根据"怎么办"判断这是策略类问题，快速进行"家长给教师送购物卡"信息搜索、再认再现储存在大脑中的课证衔接——幼儿教师职业道德素养、教师与家长沟通技巧。按照平时备考策略和习惯对此类考题的程序性学习训练自动形成解答思路。

2. 正确理解回答规定问题的本质，提升结构化问题面试礼仪

在实际面试中，相当部分考生在回答规定问题时，机械式背诵答案现象普遍，不能正确理解结构化面试的本质是用"说"的方式就保教实践问题或现象与考官进行专业性交流。"说"的方式就意味着考生在回答表述时语气、语调、语速等语音面貌、眼神、停顿等一定体现与考官面对面交流的特点。在回答问题时眼神一定要与考官有交流，避免目光呆滞或"目不转睛"盯着一个地方，避免机械式背诵答案，过分紧张，减少不必要的搓手指头、摸衣襟、挠头、口头禅等动作，加强"说"的交流方式训练，增强自信，树立结构化面试礼仪意识。

3. 熟悉掌握课证衔接知识，多途径多方式增加保教实践经验

平时专业学习时养成适合自己的专业理论联系保教实践的思维意识和能力，夯实课证衔接知识基础，特别是认真研习《幼儿园教师专业标准（试行）》和《考纲》与课证衔接知识的融合。充分利用在校专业观摩见习、顶岗实习、理实一体实训，寒暑假专业实践等途径，增加保教实践机会，丰富实践经验，提升保教实践能力。

第二编　实践篇

第五章 幼儿游戏活动与教师职业能力

【目标导读】

• 了解幼儿游戏面试展示的类型、要求，熟悉常见问题，掌握相关实践知识。

• 掌握幼儿游戏各类型考查技能技巧，运用相应技能技巧和实践知识设计、组织开展游戏教学化活动和教学游戏化活动。

• 激发学习兴趣，树立正确面试观和职业能力观，规范幼儿游戏面试基本礼仪。

【内容导引】

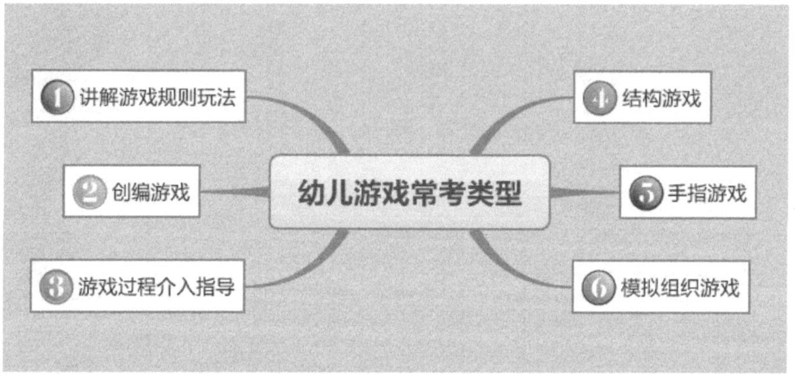

开展游戏活动是《学前教师职业能力标准（试行）》中重要的实践能力。规则游戏活动、游戏创编活动、结构游戏活动、手指游戏活动等都是幼儿园常见的几种活动，也是幼儿园教师资格面试考查应考者教师职业能力的必考内容。

第一节　讲解游戏规则玩法与教师职业能力

讲解游戏规则或玩法是面试中最基本、最常见的考查考生组织幼儿规则游戏能力的基本形式。通过试题页中的游戏主题、问题、玩法内容等方式要求考生结合动作示范，用适合幼儿年龄特征和经验水平的口头语言生动浅显地讲解游戏的规则或玩法，便于幼儿理解和模仿学习。以规则游戏为基本形式，体育游戏最为常见，主要涉及小班幼儿游戏或过程比较复杂、幼儿不易理解的游戏。回答问题部分主要考查考生对幼儿动作发展特点规律、幼儿认知特点、思维方式在不同年龄段游戏中的具体表现、特征组织游戏，促进幼儿对走、跑、跳、爬、攀登、平衡等基本动作、身体和心理发展的策略、方法等实践知识的了解。此类型主要考查考生是否具备游戏组织过程中集合、讲解和示范、分队（组）、分角色的能力。

【关键词】游戏规则玩法；集合；动作示范；讲解；分队（组）分角色

一、真题分析

【题 5-1】

［题目］游戏“老鹰捉小鸡”

［内容］

1. 模拟讲解游戏规则

2. 回答问题

［基本要求］

1. 模拟讲解游戏规则

（1）结合动作示范讲解玩法，动作示范要到位，便于幼儿模仿；

（2）语言讲解生动浅显，有条理，便于幼儿理解。

2. 回答问题

（1）在这个游戏中幼儿可能会遇到哪些困难，请列举两个；

（2）如果遇到这些困难，你会用什么方法帮助幼儿解决？

3. 请在 10 分钟内完成上述任务

［主要考核目标］组织游戏技能技巧，了解幼儿，交流沟通能力

分析：审题得知，此题需要完成两项任务，首先是结合动作示范，用适合幼儿理解的口语讲解“老鹰捉小鸡”的玩法即可。这是面试的中心、重点，也是难点。难点在于题目没有明确表明该游戏是在哪个具体年龄阶段开展（小班、中班、大班？），故而判断游戏开展的年龄段是完成此题的关键。一般地，第一步，根据游戏主题，快速判断此类游戏类型和主要功能。即这是哪类游戏，主要促进幼儿哪些基本动作（技能）、身体

和心理方面发展。这是体育游戏，主要锻炼幼儿身体跑的基本动作和身体敏捷性，促进幼儿活泼、机警、果敢、友好、团队合作等心理素质的发展。第二步，采用假设法，明确各年龄段幼儿动作发展特点和心理特点，并选择其一。如果是小班幼儿，游戏动作以大肌肉粗动作为主，各项基本动作还未正确掌握，动作协调性、准确性、平衡能力差，活动不自如。幼儿心理特点是喜爱游戏、好模仿，同时注意力不集中，甚至入园时间不久幼儿不愿意、不喜欢、不乐意和其他小朋友、老师一起游戏或出现与周围环境交往等不适应现象。中班幼儿动作比起小班幼儿更加协调、灵活，平衡能力也有一定的提高。心理认知进一步发展，空间知觉、辨别方向能力明显增强，注意力容易集中，有了规则意识，比较遵守游戏规则。中班幼儿喜欢有情节、有角色、有追逐性的游戏，游戏中的动作情节和角色比小班幼儿参与的更复杂，也更在意游戏结果。大班幼儿能熟练掌握各项基本动作，身体各部分更加协调、灵活。组织能力、注意力控制能力增强，更喜欢参与那些有胜负结果的游戏。同时竞赛性游戏增多，游戏动作增加，游戏情节和角色更复杂，游戏难度也增大，需要幼儿克服一定困难才能完成游戏。第三步，根据上述两步并结合试题要求，确定“老鹰捉小鸡”适合小班或中班。第四步，选择其中年龄段练习“结合动作示范，用通俗易懂的口语讲解游戏玩法”的展示。第五步，根据上述第二步、第三步的分析，设计两个问题及解决策略，将要点书写在备课纸上。如小班幼儿游戏中有些孩子可能不愿意、不乐意参与游戏，个别孩子可能平衡性比较差，在跑动中容易发生摔倒等情况；中班幼儿分配角色时会发生抢角色或不愿意承担某一角色的现象；大班有些孩子可能对游戏比较熟悉，不感兴趣等。

二、常见问题诊断

（1）不能正确理解面试要求，将游戏活动过程中“结合动作示范，讲解‘老鹰捉小鸡’玩法”的片段展示误解为模拟组织完整的“老鹰捉小鸡”活动。

（2）备课重点不分，误以为备课是设计完整的游戏活动方案，而非“结合动作示范，用幼儿熟悉的、通俗易懂的口语讲解游戏玩法”片段练习。

（3）缺乏幼儿角色意识，忽视不同年龄阶段幼儿思维特点和学习方式意识，模拟向幼儿讲解玩法的动作、语言缺乏生动性、形象性、口语化，师幼互动性差。

（4）缺失幼儿体育游戏对幼儿动作、身体和心理发展的作用价值，并根据幼儿动作发展规律、年龄特征、学习方式和个体差异组织幼儿体育游戏方法、策略等实践知识。

三、实操建议

1. 学习掌握幼儿心理年龄特征和幼儿游戏的结构、类型、价值，特别是幼儿体育游戏特点、作用、各年龄段幼儿体育游戏特点以及体育教学游戏组织与指导的实践知识

2. 应试技能训练重点

（1）准确理解题意，聚焦实践知识。

准确理解真题要求，明确完成面试有两项任务。然后聚焦幼儿心理年龄特征和各年龄段幼儿体育游戏类型、特点、作用以及体育教学游戏组织与指导策略等实践知识，结合试题页游戏主题确定展示内容、特点、方式方法。

（2）展示过程三步曲：集合→结合动作示范，讲解规则或玩法→分组（分角色）。

四、岗课证赛衔接

幼儿游戏活动教师讲解游戏规则或玩法。

结合动作示范，讲解游戏规则或玩法主要涉及规则性游戏（特别是体育游戏）活动组织与指导的专业实践知识，按照幼儿规则性游戏（体育游戏）活动组织和指导过程，主要由游戏的选择、游戏前准备、游戏的组织与教学（游戏开始）、游戏中指导和游戏结束五个环节组成。面试展示中“结合动作示范，讲解游戏规则或玩法”主要考查的就是游戏活动开始环节，即游戏的组织与教学部分，考生应掌握以下专业实践知识和基本能力。

第一步：集合。

利用考试现场，展示用一定方法集合幼儿，排成游戏所需要的队形。常用的模拟集合幼儿的方法有：①儿歌集合。如模拟向幼儿唱“一二三四五六七，我的朋友在哪里？我的朋友在这里，在这里。”并通过动作模拟展示集合，注意通过教师的动作和口令体现出真实的游戏情境和师幼互动行为。②用过渡性游戏指令集合。如“看谁站队站得快”游戏模拟快速集合幼儿。③用现场提供的材料代替铃鼓、响铃、哨声或其他信号集合幼儿，注意体现出真实游戏情境和幼儿互动性。

第二步：讲解和示范。

这是此类考题展示环节最为核心的专业实践知识和能力的集中体现，考生应重点学习、练习和掌握。

讲解，就是用适合幼儿年龄特点、能力水平和经验的通俗易懂、简明扼要、富有感染力和吸引力的口语模拟向具体年龄段幼儿介绍游戏的名称、方法、动作要求、交替信号、规则和过程等，主要目的是吸引幼儿注意，激发幼儿对活动的兴趣，帮助幼儿建立初步游戏概念，了解游戏方法。

讲解过程中一定要有幼儿意识，要结合示范动作进行，以便使幼儿能一边听，一边看，知道怎么做。动作一定要符合模拟展示对象的年龄特点、学习方式，具有具体形象性，考生可以模拟自己作为教师一人示范，也可模拟请个别幼儿一起示范，模拟动作要优美、形象，从而激发幼儿模仿的潜能，调动幼儿模仿的兴趣。

讲解示范过程中也要注意突出游戏规则，使幼儿对游戏规则有深刻印象。

第三步：分角色、分组（队）。

讲解示范后，还要进行分角色、分组（队）等组织工作，面试展示中也应强调这一点。一般地，玩新游戏时，常常用指定法分配角色。小班幼儿一般是由教师担任主要角色，利于掌控游戏规则并进行示范。中、大班幼儿，应根据具体情况，针对幼儿某方面特点，有目的地分配角色，如让体质好、奔跑能力强的幼儿担任主要追逐者。如是复习游戏，可灵活采用民主法、随机法、猜拳法、轮换法等确定游戏角色，从而激发幼儿参加游戏的积极性和兴趣。

第二节　创编游戏与教师职业能力

创编游戏也是幼儿园教师资格面试中常见的考试方式和内容，以凭借现场材料（玩具）创编体育游戏最为常见。通过给定的游戏名称、游戏材料（玩具如球、绳、塑料圈）、特定游戏问题情境（景）或游戏活动实施条件，考查考生运用创编幼儿游戏的步骤和方法，以及熟练地创编游戏的能力。

【关键词】体育游戏；创编；展示过程；讲解玩法；游戏活动实践知识

一、真题分析

【题 5-2】

［题目］“好玩的小绳子”

［内容］

1. 设计与介绍利用小绳子玩的体育游戏

2. 模拟讲解游戏玩法

“揪尾巴”是幼儿园常玩的一种游戏，但总是玩同一种游戏幼儿都不感兴趣了，能不能利用当“尾巴”的小绳子让幼儿玩其他体育游戏。

［基本要求］

1. 设计与介绍 3 个利用小绳子玩的体育游戏

2. 以一个游戏为例，模拟对幼儿讲解游戏玩法

3. 请在 10 分钟内完成上述任务

［主要考核目标］创编游戏技能，了解幼儿，交流沟通能力

分析：利用给定的游戏问题情境（景）中的小绳子，要求用小绳子作为游戏材料（玩具），从游戏目的、过程或玩法（主要包括游戏动作、游戏结构、游戏细节、游戏规则或要求）、游戏名称设计游戏。可以从小绳子促进幼儿动作发展设计翻绳、花样跳绳、套圈儿、跳格子、钓鱼、扎辫子、捆绑货物等游戏动作，并按照各年龄段幼儿动作发展、兴趣特点具体设计，小班用小绳子“开火车”，中班用小绳子翻绳子，大班开展利用小绳子做营救工具，设计小船、小桥、石墩、飞机等通过小河到达河岸，营救小动物游戏。然后结合动作示范，讲解游戏玩法即可。

【题 5-3】

［题目］“用大塑料圈玩游戏”

［内容］

1. 介绍并演示利用大塑料圈设计体育游戏

2. 回答问题

［基本要求］

1. 介绍并演示利用大塑料圈设计一个体育游戏，说明该游戏适用的年龄段、玩法及可以促进幼儿哪方面的发展

2. 回答问题

还可以用大塑料圈玩什么游戏？

3. 请在 10 分钟内完成上述任务

［主要考核目标］创编游戏技能，了解幼儿，思维品质，表达交流能力

分析：利用大塑料圈作为游戏材料（玩具）创编包括游戏目的、游戏过程或玩法（游戏动作、游戏结构、游戏细节，制定游戏规则）、游戏名称等要素的体育游戏。一般地，从大塑料圈自身特点出发，对幼儿基本动作发展主要集中在抛圈、转圈、跳圈、套圈、推圈、投圈等方面设计一个相应游戏。能流畅地说出游戏适用年龄段及原因、玩法及可以促进幼儿发展的方面，介绍演示游戏语言生动浅显，结合动作示范清晰易懂，便于幼儿理解、接受和模仿。

根据幼儿发展年龄特点，适当增加游戏情节，帮助幼儿发展良好的动作技能。如走、跑、平衡等基本动作和身体素质动作、滚大塑料圈的简单运动动作或模拟动作，以及团队合作等社会性发展等方面，可以设计“钻山洞”“开火车”“搭图形”“抢圈”“坐花轿”等游戏，语言表达要有一定逻辑性，具体列举出 2 种即可。

二、常见问题诊断

（1）游戏目的不明确，与游戏动作、游戏名称关系不一致。

（2）游戏动作呆板、生硬，与幼儿年龄段不匹配。

（3）游戏结构简单枯燥，缺乏趣味性。

（4）游戏细节缺少具体方法分队（组）、分角色，游戏规则缺失。

（5）缺乏幼儿角色意识，模拟向幼儿讲玩法时师幼互动性差。

三、实操建议

1. 自主学习幼儿园小、中、大班常见皮球、跳绳、报纸、空瓶子、纸盒子、纸杯子、线、呼啦圈、扑克牌、小椅子等材料开展的各种体育游戏

2. 应试技能训练重点

一般地，游戏主要由游戏主题（名称）、游戏目的、游戏准备（材料、玩具、场地）、游戏玩法或过程（游戏动作、游戏情节、活动方式、游戏细节）、游戏规则或要求等要素构成。创编体育游戏主要从以下 6 个方面展开。

（1）明确游戏目的。

通过常见游戏玩具操弄要实现的锻炼目的，重点围绕发展幼儿基本动作、基本技能、活动能力以及身体素质。这是创编（改编）游戏的第一步。

（2）选择游戏动作。

游戏动作是体育游戏的主体结构。根据游戏目的和幼儿身心特点、兴趣爱好选择适合的游戏动作。如小班喜欢模仿小兔跳、小猫钓鱼等，中大班幼儿更喜欢玩球、追捉、跳圈、滚竹圈、跳轮胎、掷沙包等活动。

（3）构思游戏结构。

这是创编（改编）体育游戏的主要环节，主要是构思游戏情节和设计游戏的活动方式。情节要从不同年龄段幼儿兴趣和认知特点出发，设计既有趣味又能锻炼幼儿发展、兼顾安全和教育的体育游戏结构。活动方式既要考虑趣味性也要考虑教育性，主要包括组织活动和练习方法。

（4）设计游戏细节。

游戏情节和活动方式确定后，就要对游戏中的细节进行设计，如采用何种方法分队（组）和分角色、采用何种起动信号等。

（5）制定游戏规则。

从不同年龄段幼儿特点出发，结合游戏中幼儿身体应达到的运动负荷制定规则要求，并能根据实际情况及时调整。

（6）确定游戏名称。

最后确定一个合适的游戏名称，既要反映游戏具体内容，又要简明扼要、重点突出、有吸引力、便于幼儿理解记忆。给游戏命名的方法有两种：一是根据游戏动作和活动方式特点命名，如“圆圈接力跑”“听鼓声变速走”等；二是以游戏情节或主题特点命名，如“信号灯”“猫捉老鼠”“放鞭炮”等。

3. 根据上述设计游戏流程，请以“皮球、跳绳、报纸、空瓶子、纸盒子、纸杯子、小线绳、呼啦圈、扑克牌”为游戏材料（玩具）设计具体游戏并展示玩法

四、岗课证赛衔接

1. 体育游戏发展幼儿基本动作

创编体育游戏，考生应首先熟悉体育游戏对幼儿基本动作发展的基本内容，具体来说，体育游戏能够发展幼儿以下基本动作。

（1）幼儿基础运动能力的动作，如走、跑、跳、爬、投、攀登、平衡等基本动作和提高身体素质的动作。

（2）简单的运动动作，如球类、体操、器械操等运动项目的基本动作。

（3）体育游戏本身所特有动作，如夹包、夹报纸、踢毽子、跳皮筋等游戏动作。

（4）模拟动作和简单舞蹈动作，如表演儿歌、表演歌曲、表演故事中的相关动作。

（5）生活动作，如穿衣、背物、刷牙、吃饭等，以及娃娃家、上幼儿园等角色游戏中的相关动作。

2. 体育游戏情节构思方法

考生根据试题的规定，利用现场材料，根据材料性质、功能特点与幼儿学习生活经验，确定发展幼儿动作，然后进行情节构思，可用以下方法构思游戏情节。

（1）故事借鉴法。

根据故事内容来构思情节，以故事表演为游戏表现形式的方法。如游戏“萝卜又回来了”“小兔子乖乖”“小红帽”“猫和老鼠”等。

（2）角色衍生法。

根据游戏动作和活动方式，选择相关或相似事物作为游戏角色，从而衍生出某种游戏情节的方法。如设计双脚跳动作为主游戏时，根据双脚跳特点可选用“小兔子、小青蛙、小袋鼠”等游戏角色，相应衍生出“小兔采蘑菇”“小兔拔萝卜”“小青蛙捉害虫”“小青蛙跳池塘”“小青蛙学本领”等游戏情节。

（3）事件提炼法。

从幼儿生活事件中提炼游戏主题素材，构思情节。如幼儿喜欢模仿司机开汽车、警察叔叔抓坏人等，这些兴趣点可以成为构思情节的重要线索。

（4）主题串联法。

围绕一定的主题构思游戏情节，通过与主题相关的多个活动将多种游戏整合在一起。如“快乐矿工”游戏，围绕“矿工”这一主题，可以构思“下矿井”“出矿井”“戴矿工帽”等游戏情节。

（5）器械相关法。

根据器械特点来构思游戏情节的方法。体育游戏中常见的器械有球、棒、绳、盒子、木块、平衡木等，利用器械特点，玩球活动构思“运西瓜”“赶小猪”等游戏情节，平衡木则可以设计成“过小桥”“走钢丝”等具体情节。

3. 设计体育游戏活动方式

设计游戏活动方式，也是创编体育游戏中必不可少的环节，主要包括组织活动和练习方法两种。

组织活动包括游戏队形、分队和分配角色、启动和结束游戏。

练习方法是决定游戏效果的重要因素，常见的有模拟法、竞赛法、条件练习法、综合练习法等。练习顺序可灵活采用同时练习或相继练习（依次和随机两种）。

4. 体育游戏竞赛法设计

竞赛是体育游戏趣味性构成要素中最重要的元素之一，也是创编（改编）体育游戏常用的方法。体育游戏竞赛法主要包括接力法、捕捉法和争夺法。接力法有回转式、穿梭式等，如图 5-1、图 5-2 所示。

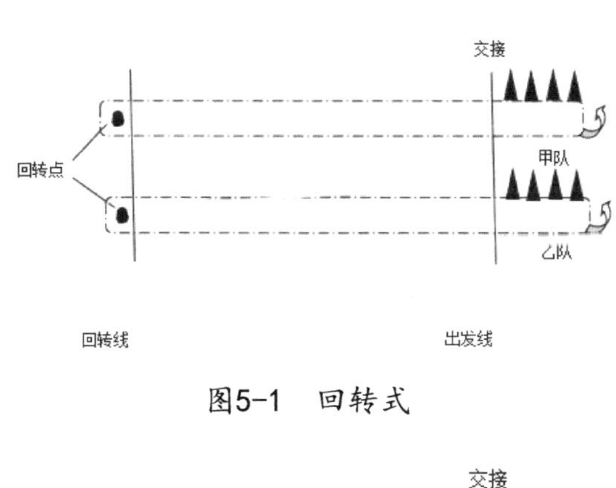

图5-1　回转式

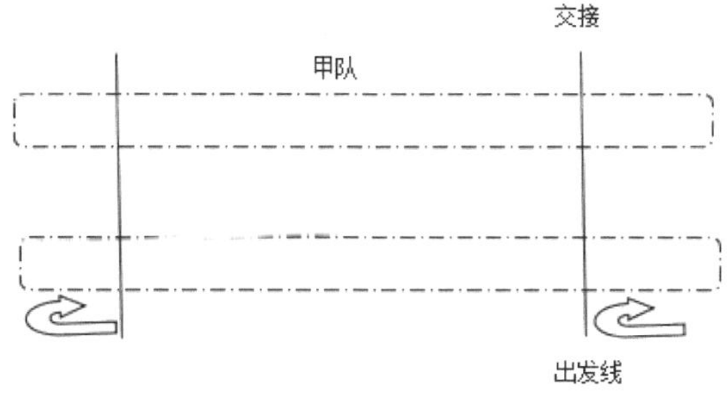

图5-2　穿梭式

第三节　游戏过程介入指导与教师职业能力

游戏过程介入指导也是幼儿园教师资格证面试中常见的考试类型，通过试题页中规定的游戏主题和具体内容情境（景），考查考生能否明确幼儿教师在幼儿游戏中的角色和作用，熟练掌握在各类幼儿游戏过程中介入的时机和具体策略的专业实践知识与介入技巧。考查考生的核心专业技能是在各类游戏活动过程中适宜介入游戏、运用不同介入策略有效指导游戏的能力。

【关键词】游戏过程；介入时机；介入策略

一、真题分析

【题 5-4】

［题目］游戏“谁也不认识谁”

［内容］

1. 回答问题

2. 演示介入指导

小班娃娃家，欣欣正忙着给娃娃穿衣服，东东忙着煮饭，宁宁呆呆地坐在沙发上。老师走过去问欣欣：你是谁呀？欣欣回答：我是妈妈。老师又问：那他们两个是谁呀？欣欣摇摇头，说不知道。老师又问沙发上的宁宁：你知道他们是娃娃家的什么人吗？宁宁也摇头，表示不知道。

［基本要求］

1. 回答问题

案例反映了幼儿什么样的游戏水平？遇到这样的情况，你会怎样展开指导？

2. 选择其中一种介入指导方法进行演示

3. 请在 10 分钟内完成上述任务

［主要考核目标］介入指导游戏技能，了解幼儿，思维品质，沟通交流能力，评价与反思能力

分析：回答问题部分主要是考查考生在幼儿角色游戏中，通过观察、发现小班幼儿在角色游戏时遇到困难或不感兴趣、不会玩、不喜欢玩的时候，选择及时介入游戏的时机，并能够根据小班幼儿游戏处于独自游戏和平行游戏高峰期，对模仿成人动作感兴趣，角色意识差，幼儿之间相互交往少的角色游戏特点，以平行式介入法或角色参与式介入法或询问式介入法指导游戏的能力。演示介入法，就是模拟选择介入时机的把握，运用介入策略指导幼儿顺利进入游戏过程，演示方法符合幼儿特点，语调柔和，语言表达清晰。介入方法能吸引幼儿兴趣并为幼儿所接受，帮助幼儿参与到游戏中。以平行式介入游戏为例，考生可以根据考场提供的材料创设简单的娃娃家区角环境，在宁宁旁边，坐

在沙发上，同时嘴里说“爸爸在煮饭，妈妈在给娃娃穿衣服，我要做爸爸妈妈的好帮手，擦擦桌子，扫扫地”，一边说一模拟擦茶几、收拾整理沙发等动作，同时观察宁宁的表现，看到宁宁也开始整理时，可以询问宁宁：“宁宁，可以帮爸爸妈妈整理房间吗？”在得到孩子应允后悄悄退出游戏。采用交叉式介入法，考生以角色身份参与，考生可以扮演成老师，假装敲门问道：“宁宁小朋友在家吗？老师来看你啦。”进门后说道：“爸爸在做饭，妈妈在给娃娃穿衣服，宁宁可以接待老师吗？”得到宁宁回应后，老师坐在沙发上，对宁宁说：“妈妈给娃娃穿衣服，爸爸做饭，宁宁可以接待我的。”“宁宁你用什么接待老师呀，怎么接待老师呀……”当要吃饭的时候，老师说“我已经吃过饭了，你们先吃饭，等有空老师再来看你”，然后自然退出游戏。

二、常见问题诊断

（1）不能正确理解题意，将介入指导游戏片段展示等同于完整的游戏活动过程组织。

（2）不理解什么是介入指导游戏，缺乏游戏过程中介入指导策略等相关实践知识。

（3）不能较好地利用考场提供的材料布置游戏环境，材料的投放、利用能力较差。

（4）缺乏幼儿角色意识，展示中角色语言、动作缺乏情境（景）性、生动性、感染性、一致性、协调性、有效性。

三、实操建议

1. 自主学习掌握教师在幼儿游戏中主要角色、介入游戏的重要性，选择介入游戏时机和各类游戏（角色游戏、表演游戏、结构游戏、规则游戏、感觉游戏）介入策略等实践知识

2. 应试技能训练重点

（1）快速审题，判断游戏适合的年龄，聚焦介入策略。

快速阅读真题，明确完成考试任务内容，根据游戏情境（景），判断具体年龄段和游戏类型（重点是小班角色游戏、中大班结构游戏），聚焦具体年龄段游戏特点，确定介入策略。

（2）利用现场材料，简单布置环境。

根据现场提供的材料，常见的有画纸、油画棒、皮球、跳绳、积木、积塑、剪刀、

瓶子、报纸、胶水、橡皮泥、呼啦圈、磁铁、扑克牌等，通过简单标画、提示、以物代物创设简单区角环境和准备活动材料。

（3）明确介入时机，强化介入策略练习。

结合游戏情境（景）问题，明确介入时机，选择合适的介入方法，强化介入指导练习。

四、岗课证赛衔接

介入指导游戏展示主要是考查考生在游戏活动（创造性角色游戏活动最为常见）中能否根据游戏发展情况适时介入指导幼儿，保证游戏顺利进行的专业实践知识和能力。以角色游戏介入指导为例，考生应掌握以下知识和能力。

1. 角色游戏中介入时机的选择

（1）幼儿遇到困难、挫折，即将放弃或无法完成游戏时；

（2）幼儿在与环境互动中产生认知冲突时；

（3）游戏中出现不安全因素时；

（4）幼儿主动寻求帮助时；

（5）游戏中出现不利于游戏开展的过激行为时；

（6）游戏中出现消极内容时；

（7）教师对幼儿部分游戏行为不理解，需要进一步了解时。

2. 角色游戏中介入策略

介入指导展示中，这是最为主要的内容，一般地，以过家家（娃娃家）、超市、图书馆、食品店、理发店等角色游戏最为常见，考生可重点学习训练以下常见介入指导方法。

（1）参与式介入。

①平行式介入法：在幼儿附近，和幼儿玩相同或不同材料（玩具）和情节的游戏，引导幼儿模仿，起到暗示作用。当幼儿在游戏中表现出不感兴趣、不会玩、不喜欢或只喜欢一类游戏而不喜欢其他游戏时可采用此方法。一般以平行角色身份或教师身份参与游戏。

②交叉式介入法：以角色身份参与游戏，根据游戏情节需要的动作、语言引导游戏发展。当幼儿处于主动地位时则扮演配角，根据幼儿的游戏行为作出反应；若以主角直接指导，则可以根据游戏情节发展，提出相关问题，促使幼儿思考；当和幼儿都感到快乐时，及时退场，不可待得太久。

（2）语言指导。

通过运用询问式、建议式、鼓励式、澄清式、邀请式、角色式等不同语言指导幼儿的方法。

①建议式：在玩娃娃家时，有当妈妈的，有当爸爸的，有当孩子的，单单没人当家里的小狗狗，只有佳佳不知道扮演什么。这时候可以说："你们想不想让家里更热闹一些呢？""能不能考虑再要一个小宠物呢？"大家都喊："好，好，好，你是妈妈，他是爸爸……你是爸爸、妈妈、宝宝的小宠物。"佳佳非常愉快地找到了自己扮演的角色，立刻"趴"在地上，学了几声狗叫……

②角色式：今天"娃娃家"可热闹了，爸爸妈妈都陪着大家吃"美味佳肴"，可是孩子却在旁边噘着小嘴，很生气的样子。这时，可以扮演成客人进入游戏："请问家里有人吗？"大家看到我很高兴，"老师，请进。""谢谢你们，今天宝宝在幼儿园的表现特别棒，被评为'乖宝贝'，我是来向宝宝祝贺的。""那我们怎么祝贺宝宝呢，我们给她画一幅画吧，妈妈呢？爸爸呢？"……大家又开始忙碌了，一旁的孩子也融入画画的氛围。这时，可以悄悄退出来。

③邀请式：班里来了一个新朋友，大家对他总是敬而远之，玩游戏时，他也不愿意参加。"商业街"今天又开始开张了，我便邀请他"我们去逛街，你愿意和我一起去吗？"他点点头。我们来到烧烤店，为了让别的小朋友关注到他，我说："这是我的朋友，请让他先点吧！""这里烧烤很好吃的，你想吃什么就点什么吧。""吃好了吗？下次我们还来！"

④鼓励式：比萨店里，一位顾客说："我的宝宝一个人在家，我不放心，得赶快回去，能不能把比萨送到家里呀？"老板苗苗说："这么多客人，我没时间。"顾客一副生气的样子。这时候，可以走进店里说："老板，你家的比萨太好吃了，我家宝贝儿特别喜欢吃，可是我得忙着去上班，你看怎么办呀？""那我给你送到家里吧。""太好了，谢谢你。"

⑤澄清式：引导幼儿关注游戏中的"违规"行为。在玩超市游戏时，有扮导购的，有扮收银员的，也有扮顾客的。扮顾客的孩子美美拿了几样吃的，边走还边吃着。这样的游戏行为与日常生活常规相悖，但孩子心里认为自己拿到手的就是自己的东西。在游戏结束后，可以把这样的场景边描述边表演一遍，然后问："大家去超市买东西能不能拿到东西就直接吃呢？"……引导幼儿讨论。

⑥询问式：在"图书馆"游戏中，运用询问式语言引导幼儿从不同角度思考问题，

表达自己的想法和建议。可以问："今天你们在图书馆里最大的快乐是什么？""你有困难需要大家帮助吗？""你还有什么办法要和大家分享？"等。

（3）材料指引。

通过为幼儿提供材料，引发幼儿完成游戏的兴趣，是促进游戏延续和提升游戏成功概率的方法。材料可以是实物（成品、半成品、废旧物品）、图片、图书等。如自选游戏活动中，中班语言角多次无人光顾，桌面上的塑料小动物和画有故事背景的图板被冷落在一旁。这天老师在语言角放了一些橡皮泥。乐乐来到这里用橡皮泥捏了一座山，山洞里藏着小动物，加上原来图板的背景，乐乐津津有味地玩了半天……

第四节　结构游戏与教师职业能力

结构游戏是幼儿游戏必考的内容，重点考查考生通过现场提供的积木、积塑（花型片型积塑如雪花片、凸点型积塑）、积竹（牙签）、橡皮泥等结构材料，从不同年龄阶段幼儿经验水平、动手操作能力等实际出发，掌握不同年龄段幼儿结构游戏活动中不同材质（积木、雪花片、凸点型积塑、牙签、橡皮泥）的基本建构技能，熟练掌握结构游戏对幼儿学习与发展的教育作用、结构游戏的年龄特点以及指导策略等实践知识。考查考生的核心技能是不同材质的基本建构技能和结构游戏相关实践知识的简单运用能力。

【关键词】结构游戏；积木；积塑；牙签；橡皮泥；建构技能；实践知识

一、真题分析

【题 5-5】

［题目］"搭高楼"

［内容］

1. 模拟搭建积木

2. 回答问题

［基本要求］

1. 模拟搭建积木

模拟幼儿用积木搭建一座高楼并说出哪个年龄段的幼儿可以搭出这样的楼房。

2. 回答问题

积木搭建活动能给幼儿增长什么经验？

3. 请在 10 分钟内完成上述任务

［主要考核目标］拼搭积木技能；创造力；了解幼儿；沟通交流能力

【题 5-6】

［题目］“美丽的花园”

［内容］

1. 用雪花片拼插造型

2. 分析作品并回答问题

［基本要求］

1. 模拟拼插积塑

（1）用雪花片拼插造型：简单拼插 2 ～ 3 个“花园里的景象”的造型；

（2）造型能大致反映花园的主要特征。

2. 分析作品并回答问题

（1）从造型方面分析作品的拼插水平，并表明自己的拼插意图；

（2）回答问题：你认为该作品可以运用到幼儿园哪些教学或游戏活动中去？

3. 请在 10 分钟内完成上述任务

［主要考核目标］拼插积塑技能；创造力；了解幼儿；活动设计能力；沟通交流能力

分析：利用积木和雪花片完成两项任务。一是搭建高楼主题或拼插美丽花园主题的造型，考查考生以积木和雪花片为素材进行相应主题构思，在掌握素材知识和主题相关内容知识（造型的对称、平衡、空间位置、色彩、大小比例）的基础上，展示“延长、铺平，对称、盖顶，围合，加高、加宽，搭台阶、砌墙等积木建构基本技能和接插、镶嵌组合花型片型的雪花片建构基本技能”。二是利用结构游戏对幼儿发展的作用、幼儿结构游戏年龄特点及指导等实践知识的活动设计能力。如积木搭建活动能丰富幼儿熟悉构成高楼的几何图形、大小、颜色以及位置关系、数量、用途等经验；雪花片拼插造型作品可以运用到科学主题活动“春天的花园”、数学认知活动“有趣的图形”、拼插雪花片的结构游戏“美丽的花园”中，列举其中 2 个即可。

二、常见问题诊断

（1）不熟悉或不能有效表达积木、积塑相应的建构技能。

（2）搭建或拼插的造型简单、孤立，与其他造型组合的整体意境差，不能有效突出主题，缺乏想象力和创造力。

（3）误将搭建或拼插展示等同于完整的结构游戏活动组织。

（4）缺失结构游戏对幼儿发展的作用、结构材料特点、结构游戏年龄特点、教学目标、指导策略等基本实践知识。

三、实操建议

（1）自主学习熟练掌握结构游戏年龄特点、教学目标和指导策略等幼儿结构游戏相关实践知识。

（2）应试技能训练重点：积木建构技能和雪花片拼插技能。

四、岗课证赛衔接

创造性游戏中的结构游戏也是幼儿园资格面试中的常考内容，主要考查考生对常见积木、积塑（雪花片最为常见）游戏的搭建（拼插）基本技能，并能运用建构技能和幼儿结构游戏年龄特点等实践知识设计、组织活动的能力。考生应掌握以下建构技能和专业实践知识。

1. 积木建构游戏掌握的基本技能

（1）延长、铺平技能。

操作要领：将积木顺次连接延伸，两块积木连接面对齐、放平，积木左右两头与其他积木连接，一块一块连接下去。

（2）对称、盖顶技能。

操作要领：对称，就是使物体或图形的左右或前后两边的积木大小、颜色、形状和排列方向一致，一一对应排列。盖顶，就是将积木放在两个对称的同等高度的积木上形成一个“门”型技能，如搭“门、桌子、桥、房子”等。

（3）围合技能。

操作要领：将积木排列、封闭形成弧形、方形或其他形状，可密集连接围合，也可空隙或间隔围合，用相同积木围合，还可以用不相同积木围合，如搭“围墙、亭子”。

（4）加高、加宽技能。

操作要领：加高，就是将积木向上连接。加宽，就是向前后或左右连接。主要使积木保持平衡。加高时放正底层积木，重叠积木保持上下、左右对齐。如搭“电线杆、楼房、塔”。

（5）搭台阶、砌墙技能。

操作要领：搭台阶时，使用大小相同的积木，采用延长和重叠技能。从建筑物处搭出台阶最高层，然后以此逐渐减少积木层数，按照 4、3、2、1 的顺序搭。砌墙，就是用厚度、宽度相同的长方形积砖（长度可不同）进行交叉连接和加高，使之成为砖墙形。

（6）车轮技能。

操作要领：常用的方法有三种，第一种是把圆形或半圆形积木放在车身下面；第二种是用圆形积木紧贴在搭好物体的外面表示车轮；第三种是把圆形积木镶在“弓形积木”的半圆槽处，表示车轮，用与半圆形一样的厚积木支撑在“弓形积木”底部，保持平衡稳定。

2. 雪花片积塑建构游戏掌握的基本技能

（1）一字插技能。

操作要领：将雪花片一个一个连接起来，形成一字形。

（2）十字插技能。

操作要领：将雪花片先进行一字插，然后再从中心点向两侧进行纵向接插，形成十字形。

（3）花型插技能。

操作要领：取一个雪花片，将每个切口处接插一个雪花片，形成花形。

（4）围合连接技能。

操作要领：将雪花片一个一个地进行接插，最后首尾相接形成一个封闭图形，如圆形、长方形。

（5）几何形体插技能。

操作要领：先将雪花片进行一字插，然后再一次沿着两侧的雪花片切口向外延伸至自己想要的图形。

（6）整体组合插技能。

操作要领：根据建构需要，将各种技能进行组合。

3. 凸点型积塑（胶粒型软积塑、硬塑料积塑）建构游戏掌握的基本技能

（1）连接技能。

操作要领：整体连接、端点连接、交叉连接、间隔连接、直接围合连接、增加胶粒的围合连接、填平。

（2）组合技能。

操作要领：直接组合、增加胶粒组合。

4. 雪花片类型及促进幼儿发展作用

常见型号：大号（直径 4.3cm）适合 3 周岁以上幼儿使用；中号（直径 3.3cm）适合 4 周岁以上幼儿使用；小号（直径 2.6cm）适合 5 周岁以上幼儿使用。

雪花片拼插游戏可以提高幼儿精细动作和手眼协调能力；培养幼儿想象力、创造力；发展幼儿数的概念；发展幼儿合作交往能力。

5. 结构游戏实践知识

（1）结构游戏类型：积木建筑游戏、积塑构造游戏、积竹游戏、金属结构游戏、拼图游戏、穿珠串线、编织游戏、玩沙玩水玩雪游戏共 8 类。

（2）各年龄段幼儿结构游戏特点与指导。

①小班。

结构游戏特点：

游戏没有明确目的，无计划摆弄结构元件，不关心建构结果，常常喜欢把结构元件垒高，然后推倒，如此不断重复体验其中乐趣；在成人指导示范下，幼儿有了一定主题意识但不稳定；不愿意与其他小朋友共同构建。

游戏活动目标：

学会认识结构材料，说出其名称，如积木、积塑等；能认识结构材料的大小、形状、颜色，学习铺平、延长、围合、盖顶、加宽、加高等建构技能；能识别上下、中间、旁边等方向，会用材料建构简单物体及主要特征。

指导要点：

a. 多采用游戏口吻，以情境讲述法激发幼儿动手兴趣。如“小鸭子没有地方住了，我们帮它搭个房子吧”，也可带他们参观中大班结构游戏，激发幼儿对新事物的兴趣。

b. 安排场地，准备足够数量的结构玩具，开始时分配一人一份结构玩具。

c. 教幼儿认识各种结构元件，学习建构基本技能。边示范边讲解，指点建构方法、顺序、注意点，反复说明难点，鼓励幼儿在模仿建构基础上自己搭建简单物体，并引导幼儿为其命名。

d. 建立结构游戏简单规则。如爱护材料，玩完后整理放回结构玩具。

②中班。

结构游戏特点：

游戏目的比较明确，初步了解游戏计划；对操作过程有浓厚兴趣，关心建构结果。能独立建构复杂物体也会按主题建构，独立整理玩具。

游戏活动目标：

认识高低、宽窄、厚薄、轻重、长短、前后等；会选用结构材料，比较正确建构物体，会看平面图；能和同伴合作共建一组主题建筑，会评议建构结果。

指导要点：

a. 利用散步、参观各领域活动丰富幼儿生活经验，增加对实物结构造型方面的知识。

b. 可采用示范讲解结合方法，也可用建议和启发提问法指导幼儿掌握建构技能并会用技能建构物体（主题）造型。

c. 引导幼儿学习设计结构方案，有目的地选材和看平面图进行建构。

d. 鼓励幼儿自己建构，也要结合结构游戏小组进行集体建构，共同讨论、制定方案、进行分工，友好合作。

e. 组织幼儿独立自主评议建构结果。

③大班。

结构游戏特点：

游戏目的明确，计划性加强，围绕一个主题进行建构，直到完成；掌握许多建构技能，追求结构的逼真漂亮，且富有新意；在教师引导下集体观念增强，合作建构物体（主题）。

游戏活动目标：学会区别左右，要求建构物体比例更精细、整齐、匀称，结构更复杂且更有创造性；集体合作构造物体，并能对建构物体（主题）进行分析评价。

指导要点：

a. 丰富幼儿结构造型知识和生活经验，引导幼儿收集素材。

b. 指导集体建构活动，学会制订计划。

c. 多采用语言提示法教会幼儿掌握的新结构知识和技能，重点引导幼儿用新的技能实现自己的构思。

d. 重视架构成果，展示成果，注意引导他们评议建构结果。

第五节　手指游戏与教师职业能力

手指游戏（手指操）从自身功能和特点来看，属于发展幼儿十指小肌肉动作的体育游戏范畴，但从依存载体和表现形式来看，属于儿歌表演游戏。根据幼儿园教师资格面试历年考试内容和要求，有时要求考生表演，有时要求示范讲解玩法，本书将其归为体育游戏，也是常考内容之一，以小班幼儿手指游戏（手指操）最为多见。通过给定的幼儿手指游戏（手指操）主题和内容，考查考生十指的灵活性、手口协调和节奏感，有幼儿角色意识，熟练了解幼儿动作发展规律、认知特点、学习方式和个性发展知识，并能运用这些实践知识分析、解决手指操游戏中出现的各类问题的能力。

【关键词】手指游戏；表演游戏；展示玩法；幼儿发展实践知识

一、真题分析

【题 5-7】

［题目］《手指门》（略）

［内容］

1. 模拟对幼儿示范手指游戏玩法

2. 回答问题

［基本要求］

1. 模拟对幼儿示范手指游戏玩法

（1）动作要与内容基本相符，有一定节奏；

（2）通过动作示范进行讲解，动作规范便于模仿；

（3）语言讲解生动浅显、易于理解，吸引幼儿。

2. 回答问题

在组织游戏过程中，如遇到幼儿手口配合不一致、双手配合不协调的情况时，请说说你会如何处理？

3. 请在 10 分钟内完成上述任务

［主要考核目标］手指操演示专业技能，了解幼儿，思维品质，沟通交流能力

分析：手指游戏（手指操）是幼儿游戏中的常考内容，一般地，主要完成两项任务。一是进行手指游戏表演或模拟对幼儿示范手指游戏。边念儿歌边演示玩法，要求考生遵从小班幼儿发展特点，有幼儿意识，动作协调、简单、生动，有节奏感，发音清楚，语速适当，手指动作与儿歌内容匹配，且能够吸引幼儿兴趣，易于幼儿模仿学习。二是根据小班幼儿动作发展规律、认知特点、学习方式、兴趣等发展知识分析并解决游戏中可能出现的问题的能力。如游戏中遇到幼儿手口不一致，双手不协调时，教师可以分解动作或放慢动作，手把手指导个别幼儿动作。

二、常见问题诊断

（1）动作缺乏节奏感，吸引力不强。

（2）讲解语言缺乏具体生动性，动作示范与口、手节奏不协调。

（3）缺乏幼儿角色意识，模拟向幼儿示范讲解玩法亲和力不够，师幼互动性差。

（4）误将“示范讲解手指游戏玩法片段展示”等同于完整的手指游戏活动组织，备课非示范讲解玩法展示而是一味设计完整的活动方案。

（5）对小班幼儿动作发展、认知特点、学习方式等实践知识的掌握不够熟练。

三、实操建议

（1）自主学习幼儿园小班幼儿手指游戏相关实践知识和常见手指游戏动作。

（2）应试技能训练重点：继续把第一节中“结合动作示范，讲解游戏玩法”作为重点内容加强练习。

四、岗课证赛衔接

手指游戏主要考查考生熟练了解幼儿动作发展规律、认知特点、学习方式和个性发

展等实践知识，并能运用这些实践知识示范手指游戏玩法和解决手指操游戏中出现的各类问题的能力。

（一）手指游戏类型

手指游戏是幼儿通过手指表达和再现音乐的一种最直接而自然的手段，手指律动游戏能够使幼儿获得表现和交流的快乐，促进幼儿手指小肌肉发展和十指灵活与协调能力发展，培养幼儿对节奏等的感受力、表现力和创造力。

在当前我国幼儿园手指游戏运用中，手指游戏一般包括专门的手指操和其他手指游戏两种。

1. 专门的手指操

手是人体运动系统的辅助，是人体内重要且灵活的机械结构，每根手指都对应我们身体的某个部位，对身体都起着不可或缺的调节作用。比如，挤压中指、轻攥中指、轻挤无名指、挤压手心、上挺手指、顶大拇指、手指上伸、按压指肚等基础性动作，都会给身体带来一定的好处。专门的手指操就是为了训练幼儿手指的灵活性和协调性而利用操与口令形式设计的手指活动，包括十指间弯曲、点指、弹指、放指等操令类动作。

2. 其他手指游戏

其他手指游戏包括融入音乐的手指游戏，加入数学元素的手指游戏及结合文学作品的手指游戏等，是伴随思维和对某些问题的思考、想象，进而对某事物产生兴趣的手指活动。

（1）手指谣。

结合具有明快节奏、韵律儿歌的一种以幼儿边说唱边做动作的手指游戏，是一种最便捷的训练幼儿手指动作发展的游戏。手指谣的选题源于幼儿周围的生活，且内容浅显易懂、语言流畅生动、配合相应的手部动作，提供给教师与幼儿一起边念、边听、边玩、边做的机会。如《小雨伞》：“小雨伞，真淘气，爱喝雨滴玩游戏，转一转，滴一滴，滚一滚，淅沥沥，滚滚转转真有趣。”

（2）智力游戏。

主要是指着重于幼儿身体技能的发展，以锻炼幼儿手部小肌肉群为主的益智类游戏。常见的有翻绳游戏（又称解股、翻花绳、编花绳、挑绳），利用绳子，通过灵巧敏捷的手指动作，翻转出各式各样的手指游戏。除此之外，还有串珠游戏，这是幼儿最喜爱的游戏之一，属于技能型手指游戏，教师在区域中将不同颜色、不同造型的串珠提供给幼儿，幼儿自主进行手指游戏活动和对事物进行创新发现探索。

（3）手偶游戏。

通过把布料、纸张、毛绒等不同材质做成人物手偶、动物手偶、卡通手偶所进行的游戏。教师通常在区域中放置有关主题活动所需的手偶，如小老鼠、萝卜、小兔子、小猴子等供幼儿手偶游戏时所用。

（4）手影游戏。

以手为笔，以影为墨，通过利用光束表达手势变化，创造不同影像进行手部活动的游戏。如游戏“手影变变变”中进行的手影表演。

（5）手指画及撕纸剪纸游戏。

以纸为中介所进行的手部艺术游戏。其中，手指画是幼儿直接用手（指尖、手指）蘸取适当颜料，在纸上进行指印、涂鸦的游戏。撕纸剪纸游戏则通过摆弄不同材质的纸，任意变幻出各种各样造型的手指游戏。

（二）手指游戏与小班幼儿发展

手指游戏对小班幼儿身体技能协调性、灵活性发展、语言认知发展、思维想象萌芽以及积极情感体验都具有重要意义。

1. 促进幼儿身体机能发展

幼儿期，是幼儿大脑发育最为迅速的时期，手部动作与大脑之间存在着紧密的联系。通过手指游戏，可以刺激大脑，增强记忆力。小班幼儿身体各器官还在逐步发育期，生理机制尚处于萌芽发展阶段，模仿是这一阶段幼儿主要的学习方式，对于反复简单的同一动作的重复性手指操作很感兴趣，充满好奇。手指游戏是手眼协调的运动过程，能潜移默化地促进幼儿大脑潜能发展，完善大脑与手指间神经系统的信息传递，锻炼幼儿手指骨骼肌肉的灵活性，利于幼儿手、脑协调发展和思维潜能开发，促进幼儿手部小肌肉群的活动以及关节的发育。

2. 促进幼儿认知发展

小班幼儿语言表达缺乏条理性和连贯性，直观行动思维占优，手指游戏，特别是手指谣为幼儿提供了一个丰富的、想说、愿意说、敢说并能得到积极回应的语言交往环境，让幼儿在手指游戏中拓展了词汇认知和表达能力，规范了语言发音、提升了语言运用水平。同时，手指游戏来源于幼儿日常生活，幼儿通过手指游戏，有助于增加对已有生活经验的理解，学习语言情感的表达。此外，手指游戏可以帮助幼儿建立一个熟悉的生活经验情境，在手指游戏中幼儿能够感知事物的数的概念，加深对数理逻辑经验的理解，并在很大程度上发展了幼儿手眼嘴脑的协调能力，促进了小班幼儿认知能力的发展。

3. 促进幼儿社会性发展

小班初期，幼儿尚处于适应幼儿园集体生活和环境的重要时期，幼儿普遍不愿意、不乐意、不喜欢与周围的人和环境进行交往。手指游戏在小班的运用能更好地安抚幼儿的情绪，缓解或消除小班幼儿入园焦虑。简单有趣的手指游戏，可以让幼儿发现自己，理解自己，并能愿意、喜欢、乐意和老师、同伴积极互动，既发展了同伴关系，也增进了师幼互动，帮助幼儿建立了良好的人际交往关系，更好地适应幼儿园生活。

4. 促进幼儿良好生活习惯和自理能力的形成

小班幼儿具有初步的生活自理能力的发展特点。日常生活活动中，通过一日生活各环节常规教育，培养幼儿基本的生活技能和良好生活习惯。教师利用一日生活过渡环节如在盥洗、餐前、餐后、离园等环节组织幼儿参与手指游戏，使幼儿在“玩中学，学中玩”中训练基本生活技能，提高生活自理能力，养成良好生活卫生习惯。

第六节　本章小结

一、本章模考试题清单（见表 5–1）

表 5–1　全仿真模考实操训练试题清单

序号	真题类型	题目	内容	基本要求
1	讲解游戏规则玩法	自选小、中、大班规则性游戏，如“听拍手走”	1. 模拟讲解游戏玩法：教师拍手，幼儿按节奏在场地内四散走；教师不断变化拍手的速度，幼儿随节奏的快慢调整自己走的速度；当教师重击两下时，幼儿立定站好。游戏可反复进行 2. 回答问题	1. 模拟讲解游戏规则或玩法：①结合动作示范讲解玩法，动作展示要到位，便于幼儿模仿；②语言讲解要生动浅显，有条理，便于幼儿理解 2. 回答问题：①这个游戏能发展 4 ～ 5 岁幼儿的什么能力？②玩游戏过程中会出现什么问题，你会怎样解决 3. 请在 10 分钟内完成上述任务

续表

序号	真题类型	题目	内容	基本要求
2	创编游戏	自选小、中、大班体育游戏，如“平衡游戏”	1. 设计能让幼儿平衡的体育游戏并展示玩法 2. 回答问题	1. 设计一个能让幼儿平衡的体育游戏并展示玩法 2. 回答问题：幼儿游戏中可能遇到哪些问题，怎么解决 3. 请在10分钟内完成上述任务
3	游戏过程介入指导	自选小、中、大班创造性游戏，如“搭积木”	1. 展示介入指导：东东搭积木总搭错 2. 回答问题	1. 请用积木模拟展示两种你帮助东东的方法 2. 回答问题：为什么采用这样的帮助方式 3. 请在10分钟内完成上述任务
4	结构游戏	自选小、中、大班结构游戏，如“拼插雪花片”	1. 拼插3个幼儿日常玩具，分别说明能拼出作品的大致年龄段 2. 回答问题	1. 拼插3个幼儿的日常玩具，分别说明能拼出作品的大致年龄段 2. 回答问题：插塑活动能促进幼儿获得哪些方面的发展 3. 请在10分钟内完成上述任务
5	手指游戏	自选小、中、大班幼儿常见手指游戏，如“大小长短”	1. 模拟对幼儿示范手指游戏玩法 2. 讲解一个新的体育游戏	1. 模拟对幼儿示范手指游戏玩法：①动作要与内容基本相符，有一定节奏；②通过动作示范进行讲解，动作规范便于模仿；③语言讲解生动浅显、易于理解，吸引幼儿 2. 讲解一个新的体育游戏 3. 请在10分钟内完成上述任务
6	模拟组织游戏	自选小、中、大班体育游戏，如“有趣的报纸”	1. 模拟组织游戏 2. 回答问题	1. 模拟组织一个幼儿报纸游戏：①结合动作示范讲解游戏玩法，动作展示到位，便于模仿；②语言讲解生动浅显，有条理，易于理解 2. 回答问题：①幼儿可能遇到哪些困难，两个即可；②如果遇到这些问题，你用什么方法帮助幼儿 3. 请在10分钟内完成上述任务

二、材料准备

（1）模拟清单题目，利用网络、书籍或请教幼儿园教师等确定。

（2）常见材料准备：画纸（A4/B4 均可）、水彩笔、油画棒、蜡笔、彩铅、卡纸、纸杯、橡皮泥、皮球、跳绳、报纸、空瓶子、纸盒子、各种线、呼啦圈、扑克牌、磁铁、小椅子等。

（3）单独空教室 2 间（1 间备考室，1 间面考室），学习小伙伴 2 ～ 3 人。

三、流程模考训练

（一）备考室（20 分钟）

1. 审题，正确理解题意

快速通读试题，通过找关键动词和整体语境，明确考试主题内容和具体要求，确定备课任务和重点。

2. 备课，按照试题内容和要求有重点地备课，谨慎设计游戏活动方案

从历年真题要求和考生实际面试过程来看，游戏部分重点考查专业技能展示而非设计游戏方案，一定要在正确理解题意的前提下，将更多精力投入在技能训练上，备课纸一般书写回答问题部分的答案要点。只有抽到的题目明确要求“模拟组织游戏活动”时才可简要设计游戏活动方案，切忌冗长，简练全面即可。

（二）面考室（20 分钟）

（1）考官核对信息无误后，开始结构化问题（5 分钟回答两个规定问题）。

（2）展示环节。稍微停顿调整一下，直接开始展示即可（10 分钟）。

（3）答辩环节（5 分钟）。若有考官提问则回答，若无则面试结束。

第六章 幼儿故事活动与教师职业能力

【目标导读】

• 了解幼儿故事展示的类型、要求，熟悉常见问题，掌握相关实践知识。

• 掌握幼儿故事各类型考查技能技巧，用相应技能技巧和实践知识设计、组织开展幼儿故事教育活动。

• 激发学习兴趣，树立正确面试观和职业能力观，规范幼儿故事面试基本礼仪。

【内容导引】

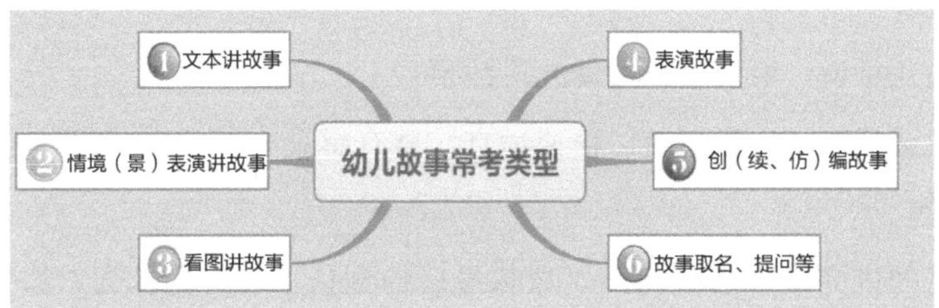

能够根据《幼儿园教育指导纲要（试行）》和《3 ～ 6 岁儿童学习与发展指南》的要求，以及幼儿的兴趣需要和年龄特点，选择教育内容，确定活动目标，设计、组织、评价教育活动是《学前教师职业能力标准（试行）》中重要的实践能力。文本讲故事、情境（景）表演讲故事、看图讲故事、表演故事、为故事（情节）配插图是幼儿园教师资格面试考查应考教师职业能力的主要内容。

第一节　文本讲故事与教师职业能力

文本讲故事是幼儿园教师资格面试中最基本、最常见的考查考生讲故事技能的形式。通过幼儿故事作品内容的讲述展示，考查考生的角色意识：心里有孩子，眼中有孩子，故事中有孩子；运用标准普通话能力：口齿清楚，语速适宜，富有感染力和节奏感；考查考生能否通过适当提问激发幼儿兴趣或帮助幼儿理解作品内容，展示过程是否具有一定的亲和力和基本的师幼互动，并利用幼儿故事讲述活动开展保教实践的能力。此类型考题考查考生核心技能是基本讲故事技能以及幼儿故事讲述活动的运用与表达能力。

【关键词】文本故事讲述技能；角色意识；师幼互动；故事讲述活动实践知识与技能

一、真题分析

【题 6-1】

［题目］讲故事《小猫钓鱼》（略）

［内容］

1. 完整讲述故事

2. 回答问题

［基本要求］

1. 讲述故事

（1）有幼儿意识，表现出正对幼儿讲故事；

（2）普通话标准，口齿清楚，语速适宜，富有感染力。

2. 回答问题

（1）某老师讲完故事后提问："咪咪最后钓到鱼了吗，为什么？"你认为这个问题适合 4 ～ 5 岁的幼儿回答吗？

（2）根据故事，可以组织 4 ～ 5 岁的幼儿参与什么活动？

3. 请在 10 分钟内完成上述任务

［主要考核目标］讲故事技能；了解幼儿；活动设计能力；沟通交流能力

分析：讲述故事部分重点做到两点：一是有幼儿角色意识，模拟正在面向幼儿讲故事的情景片段；二是在讲故事过程中使用标准普通话，避免出现地方方言，在以讲为主的叙述中，根据角色特征适当借助夸张的动作、表情、姿势、手势、语气、语调、停顿等富有感染力、亲和力的故事语言、态势语表达故事情节和角色心理活动，吸引幼儿兴趣。这是备考室备考的重点内容。回答问题部分重点考查考生掌握 4 ～ 5 岁幼儿兴趣、经验水平等个性发展的实践知识以及初步运用故事组织开展诸如表演《小猫钓鱼》故事、体育游戏《看谁钓的鱼多》、绘画活动《小猫钓鱼》、改编故事《小猫钓鱼》等设计基本保教活动能力。

二、常见问题诊断

（1）不能正确理解试题要求，将讲故事活动片段展示等同于讲故事活动试讲，故而在展示环节常常展示完整的一次讲故事活动试讲，而非面试要求的讲故事活动中“讲”技能片段的展示。

（2）备课重点不分，误以为备课是设计完整的讲故事活动方案，而非讲故事技能片段展示，故而浪费宝贵备考时间，又影响面试方向和质量。

（3）不能正确理解讲故事技能本质，往往把讲故事表现为背故事、表演故事等。

（4）缺乏幼儿角色意识，模拟向幼儿讲故事的亲和力不够，师幼互动性差。

二、实操建议

（1）立足平时，养成良好的想讲、愿意讲、敢讲、大胆讲的好心态、好习惯。

（2）应试技能训练重点：讲故事技能。

（3）切忌拿试题页读或背故事。

（4）平时可以专门找一些诸如狡猾的狐狸、骄傲的兔子、憨厚可爱的小羊、沉稳的牛伯伯、威严的老虎与狮子等个性鲜明的动物声音进行强化练习。

四、岗课证赛衔接

考生应重点掌握以下讲故事技能要领。

讲故事技能要领

1. 速读理解，区分角色

迅速通读文本故事内容，理解文章大意，提取中心思想，奠定情感基调，将故事中的角色圈画出来，区分好角色，具有强烈的角色意识。

2. 选择、分配声音，创设问题

选择、分配与角色特征相符的声音特点，并创设适宜的两个问题，以吸引幼儿兴趣或帮助幼儿理解故事内容。

3. 语言加工，创造动作、表情等态势语

对故事内容适当加工，在不改变原意的前提下将一些描述性语言加工为对话性语言，创造动作、表情、姿势等态势语。

4. 讲故事中强调“讲”技巧

讲故事时努力做到“一目十行”，看一眼，讲一段，具有角色意识，模拟面向幼儿，切忌照着读、遮脸读。

5. “讲”故事中，辅助态势语

以讲为主，根据故事情节发展和角色个性特点，辅助以适当的动作、表情、停顿等，考生声情并茂，体现出一定的表现力和感染力。

第二节　情境（景）表演讲故事与教师职业能力

情境（景）表演讲故事是常见的故事讲述类考题之一，要求考生根据幼儿真实生活经验设计情境（景），利用自制道具并在烘托幼儿生活经验情境（景）氛围中通过动作、神态、语言等扮演角色进行表演。考查考生核心专业技能是创编符合情境（景）的表演动作技能和道具制作、利用能力。

【关键词】情境（景）讲述；创编表演；角色意识；道具制作利用

一、真题分析

【题 6-2】

［题目］勇敢体验《小班要体检》

［内容］

1. 创编情境表演故事

2. 请在 10 分钟内完成上述任务

小班要体检了，包括量身高、称体重、查牙齿、抽血等。

［基本要求］

1. 创编情景表演故事，让幼儿配合体检，消除其紧张情绪

2. 利用纸杯或信封制作表演道具

3. 使用道具进行故事表演

［主要考核目标］创编表演故事技能；了解幼儿；沟通交流能力

分析：此题考查考生是否熟悉小班幼儿在园生活不愿意、不乐意、不喜欢、害怕胆怯等社会不适应表现、直观行动思维和模仿学习等认知特点和实际生活经验水平等，并以此树立角色意识，情境（景）中有孩子这一角色的，按照幼儿真实生活体检情境（景）内容设计表演，通过适当夸张的动作、表情、语言，并借助道具吸引幼儿，展示出一定的师幼互动，帮助小班幼儿克服并消除体检紧张情绪，配合完成体检。同时考查考生具有利用现场纸杯或信封进行道具制作、投放等基本能力。

二、常见问题诊断

（1）将情境（景）表演讲故事片段展示等同于模拟组织完整的表演讲故事活动试讲，并将备课重点放在设计活动方案上，忽视备课重点是设计道具和创编情境（景）并练习表演。

（2）对幼儿体验的情境（景）不熟悉，表演讲述内容单一，动作、表情、语言缺少生动形象性，表演讲述内容等顺序凌乱，缺乏一定的组织层次性和幼儿生活的常理性。

（3）缺少简单的情境（景）道具设计，一些考生在进行道具投放时机选择不适宜，道具利用有效性较差。

（4）幼儿角色意识较差，缺乏有效提问，师幼互动性差。

三、实操建议

1. 查阅《幼儿园语言教育》等相关资料，学习了解情境（景）讲述活动相关实践知识

2. 应试技能训练重点

（1）正确审题。

迅速判断此类型题考查方式是幼儿园语言领域情境（景）表演讲故事中表演片段而非整个表演讲故事活动；10 分钟内完成表演和回答问题两项面试内容。

（2）结合基本要求确定备考内容和重点：创编体检情境（景），制作简单道具并展开表演。

四、岗课证赛衔接

考生应重点掌握以下情境（景）表演讲故事技能要领。

情境（景）表演讲故事技能要领

1. 明确情境（景）表演讲故事目标

如【题 6-2】中需明确展示体检情境（景）表演讲故事的目标是帮助小班幼儿消除紧张情绪，配合体检。

2. 选择情境（景）表演主要动作、情节

如体检情境（景）表演的主要动作、情节有：量身高、称体重、查牙齿、抽血，确定考生同时模拟教师 1 人表演幼儿和大夫角色，并创设适当对话语言（对话要做到通俗简单，易于幼儿理解）。

3. 利用简单物品和装饰创设情境（景）

如体检情境（景）表演中，用纸杯、信封等备考现场提供的任何材料设计体检情境（景）表演道具，利用其他简单备考物品或材料装饰烘托体检的气氛和内容。

4. 确定表演形式，进行表演

（1）具有角色意识，模拟向幼儿介绍角色、场景的动作，激发幼儿兴趣，提出观看表演要求。

（2）确定选用分段表演或整体表演后开始表演并提问。如果是分段表演，就分段提问；如果是整体表演，表演结束时提问。提问要有启发性，可从地点、角色、事件、结果提问，也可从角色动作、对话和心理活动变化等角度提问，还可从情境（景）发展上提问。

（3）一般地，情节紧凑则完整表演，情节排比则分段表演，本题可用排比表演。

第三节　看图讲故事与教师职业能力

看图讲故事展示是幼儿园教师资格面试中常见的故事讲述类考题之一，通过现场抽题提供的单幅图或多幅图（连环画），考查考生能否使用标准普通话、口齿清楚、语速适宜、富有感染力地讲述图画内容，更要求考生要有幼儿角色意识，用生动有趣的语言，启发提问，引导幼儿有目的、有顺序地观察图片细节与画面之间关系，帮助幼儿理解图片的重点、难点和主题的教育实践能力。模拟提问主要是考查考生能否根据提供的图片内容难易程度特点，运用幼儿园年龄特征和经验水平设计适宜的看图讲述活动，并启发性提问的基本能力。看图讲故事所考查考生的核心技能就是教会幼儿观察图片的方法和启发提问。

【关键词】看图讲述；观察图片；启发提问

一、真题分析

【题 6-3】

［题目］故事《小猫钓鱼》

［内容］图（略）

1. 看图讲故事

2. 模拟提问

［基本要求］

1. 模拟对幼儿看图讲故事

（1）符合图意，语言生动有趣；

（2）普通话标准，口齿清楚，语速适宜，富有感染力。

2. 模拟向幼儿提出两个问题，以引导幼儿仔细观察细节和发现画面之间的关系

3. 请在 10 分钟内完成上述任务

［主要考核目标］理解、观察图画能力；启发提问技巧；讲故事技能；了解幼儿；沟通交流能力

分析：此题片段展示中的重点有：一是要有幼儿意识，模拟正在面向幼儿看图讲故事情景；二是展示有目的、有顺序地观察图片的方法，分析重点、难点图片，帮助幼儿理解图片细节与画面关系，并确定幼儿要掌握的句子；三是启发提问，这是看图讲故事主要的方式，也是看图讲故事质量的保证，如本题可以提问：“小猫开始是怎么样钓鱼的？那它钓到鱼了吗？后来它是怎么做的？最后钓到鱼了吗？”整个故事符合图意；四是运用标准普通话，语言表达生动有趣，有感染力、亲和力地展示上述重点内容。

二、常见问题诊断

（1）将看图讲故事中观察、感知图片和启发提问片段展示等同于模拟组织完整的

看图讲故事活动试讲，并将备课重点放在设计活动方案上，忽视备课重点是展示引导幼儿有顺序观察图片方法和启发提问的练习。

（2）不能有顺序有目的地引导幼儿观察感知图片内容。

（3）不会启发性提问，不能有效帮助幼儿理解图片细节与画面关系、图片内容重点和难点，缺乏呈现幼儿应掌握的句子。

（4）幼儿角色意识较差，语言表达缺乏感染力。

三、实操建议

（1）迅速分析图意，明确图片主要内容和主题，然后分析重点、难点图片，确定幼儿应该掌握的句子，并在备课纸上设计启发性提问，安排观察顺序，确定出示图片方式。

（2）应试技能训练重点：有顺序、有目的地看图讲故事和启发提问。

四、岗课证赛衔接

考生应重点掌握以下看图讲故事技能要领。

看图讲故事技能要领

1. 以不同方式，引出图片，激发幼儿兴趣

多幅图出示方式有逐幅出示、分步出示、一次性出示、对比出示等。

2. 按照一定顺序观察图片

常见顺序有从整体到局部，从主要情节到次要情节，从具体人物的形象、动作、表情到抽象人物的内心活动，从上到下、从左到右、由近及远，也可按地点—环境—人物的顺序，根据图片内容选择一种主要顺序引导幼儿观察。一般来说，单幅图观察一般按照整体—局部—整体的顺序，多幅图多采用从部分—整体的顺序进行观察。

单幅图观察中注意体现引导幼儿分析图片重点、难点，多幅图体现分析重点、难点图片。对于难点图片通过启发提问引导幼儿观察细节和发现图片之间逻辑关系，明确讲述主题。对于重点图片，体现引导幼儿抓住图片主题和主要情节，帮助幼儿讲深、讲透。对于次要图片一笔带过，再根据主次关系给每张图分配相应讲述时间，以便更好地突出教学重点。

在观察中确定幼儿应该掌握的词句。在备课中根据图片内容还要确定幼儿应该掌握

的词句，丰富幼儿语言经验，并在模拟引导幼儿看图讲述过程中借助启发提问、停顿、动作、表情等展示出来。

3. 结合出示方式和观察顺序，启发提问

启发提问是看图讲述的主要开展形式，也是看图讲述的关键，更是面试考查的重点。根据图片内容和问题难易程度，一般有下面几种提问方式。

（1）描述性问题（针对画面的人、景、动态）：有什么？有谁？是什么样子的？在做什么？什么表情？

（2）判断性问题：是什么关系？在什么地方？什么时候？哪些一样，哪些不一样？怎么样？

（3）推理性问题：在说什么？会想些什么？这是什么样子的？

（4）分析性问题：为什么？怎么知道的？它们该怎么做？

提问的顺序应从整体到局部，从具体到抽象，从主要情节到次要情节。

4. 设计提问注意的几个方面

（1）问题的聚焦性。

设计的提问一定要突出图片的重点，反映图片内容的关键环节或主要情节。如与主题直接相关的时间、地点、人物、环境、人物动作、神态等。

（2）问题的方向性，即顺序性。

设计问题时应根据图片提供的线索，按照人物出现先后顺序或事件发生前后顺序设计问题呈现的顺序。

（3）问题的启发性。

设计启发问题如上应试技能训练第三步，尽量避免选择性或暗示性问题，如“是不是”“对不对”等。

（4）问题的针对性。

在设计问题时应该考虑幼儿年龄特征和幼儿的个性化。小班幼儿以直观行动思维为主，在设计提问时应具体、明确、直指图片内容，以描述性和判断性问题为适宜，更方便幼儿理解内容。中班以具体形象思维为主，设计提问以判断性和推理性问题为适宜。大班幼儿的抽象逻辑思维开始萌发，以推理性和分析性问题比较适宜。

第四节　表演故事与教师职业能力

表演故事类考题，具有表演游戏和角色游戏双重特点，主要考查考生能否通过对话、动作、表情等再现幼儿故事内容或情节，体现具备基本的表演故事文学作品中角色个性形象的技能技巧和一定的表演感染力。通过回答问题考查考生对表演故事活动的组织能力。主要考查考生的核心技能是基本的故事表演技能和保教实践知识的运用与表达能力。

【关键词】表演故事；表演技能；保教实践知识

一、真题分析

【题 6-4】

［题目］表演故事《大棕熊的秘密》（略）

［内容］

1. 表演故事

2. 回答问题

［基本要求］

1. 表演故事

（1）模拟故事表演，从“我有一个秘密到它已经消失在了冬夜的雾气里”（粗黑体部分）；

（2）普通话标准，语气、语调、动作表情符合角色形象，有感染力。

2. 回答问题

如果让 5 ～ 6 岁的幼儿表演故事，你如何组织这一活动？

3. 请在 10 分钟内完成上述任务

［主要考核目标］表演故事技能；了解幼儿；活动组织能力；表达交流能力

［评分说明］

（1）表演故事，有感染力。

（2）回答问题：组织幼儿集体讨论故事，理解故事内容，分配角色，教师或个别幼儿示范表演，选择或制作表演道具，全体表演。

分析：表演展示中重点把握：一是理解黑体字部分，故事情节发展和大棕熊、狐狸、浣熊、松鼠、猫头鹰等角色心理活动及语言要个性鲜明，普通话标准，语气、语调、动作、表情等要符合角色形象，富有感染力；二是借助考场现有材料设计表演道具及投放利用，熟悉 5 ～ 6 岁幼儿表演故事组织策略实践知识，如组织幼儿集体讨论故事，理解故事内容，分配角色，教师或个别幼儿示范表演，选择或制作表演道具，全体表演。

二、常见问题诊断

（1）将考试要求“故事表演片段”展示等同于完整故事表演活动试讲。

（2）不分备课重点，误以为备课就是设计完整的故事表演活动方案，而非备故事表演片段、头饰、道具等，浪费宝贵备考时间。

（3）部分考生不能正确理解表演故事与讲故事中的“表演”。

（4）角色表现力、感染力不够，缺乏自信、忽视舞台空间、道具或头饰等准确不够充分。

（5）回答问题时对表演故事类活动组织方法策略不熟悉。

三、实操建议

（1）学习掌握幼儿故事活动的设计、组织等实践知识。

（2）应试技能训练重点：表演故事技能和制作利用道具技能技巧。

四、岗课证赛衔接

考生应重点掌握以下表演故事技能要领。

表演故事技能要领

1. 快读理解，分析情节，确定角色

快速通读并理解故事内容，重点熟悉黑体加粗部分故事情节，圈画角色。

2. 确定设计角色动作、道具、场地

确定并设计装扮表演与角色个性相符的动作、表情、声音、道具材料、空间场地（一般地，以面考室面对考官中间位置为中心，12 ～ 16 平方米）等。

3. 模拟表演数次，基本流畅即可

4. 明确表演故事类型，并依据不同类型的要求确定表演安排

（1）整体表演型：首先通过提问，分析不同人物的形象特征，把握每个角色的特点；

其次幼儿自由讨论，用动作表现角色性格特征；再次教师领诵故事，引领幼儿初步学习表演；最后提供简单便于操作的道具，让幼儿自由表演，体验游戏快乐。

（2）分段表演型：讲完故事后，引导幼儿讨论角色的情感变化，体验角色心理，把握角色性格发展线索；允许多个幼儿扮演同一角色，鼓励幼儿相互交流并做出不一样的动作造型。教师要“眼观六路，耳听八方”，及时提醒角色上场，并做出适当提醒动作，结束时做出静止造型；提供简单可操作的道具，让幼儿自由表演，体验游戏的快乐。

（3）角色表演型：教师引导幼儿学习理解作品，使幼儿对故事人物形象、情节和作品主题倾向有一定的清晰认识；根据故事主要活动环境设置场景，布置游戏角落，并在各游戏角落投放一定数量的玩具和材料，让扮演者进一步发展和组织；幼儿按意愿选择各自喜欢的角色。（本题可采用此类型）

第五节　为故事（情节）配插图与教师职业能力

为故事（情节）配插图是绘图（绘画、泥工、折纸）讲述，又称构图讲述，也是幼儿园教师资格面试中经常考查的一种类型。考生可使用面试现场提供的油画棒、蜡笔、彩铅、水彩笔、画纸等，运用一定绘画技能，为试题页故事内容（情节）进行绘画展示。主要考查考生根据试题页故事内容进行绘画的设计与技能。要求考生有幼儿意识，绘画主题内容符合故事内容，造型生动、有趣，能够吸引幼儿聆听、理解并根据具体插图讲述故事，具有基本的绘画技能。回答问题部分主要考查考生将故事和绘画作品用于开展幼儿园保教实践活动的知识与能力。考查考生核心技能，即绘画技能以及运用作品设计保教活动的能力。

【关键词】绘画技能；绘图讲述；保教实践知识

一、真题分析

【题 6-5】

［题目］为故事《多多什么都爱吃》配插图

［内容］

1. 为故事配插图

2. 回答问题

［基本要求］

1. 为故事配插图

符合故事内容，造型生动，富有童趣，便于幼儿理解。

2. 回答问题

利用故事和你的作品，能带领 3 ～ 4 岁的幼儿开展什么活动？（说出两种）

3. 请在 10 分钟内完成上述任务

［主要考核目标］绘画技能；创造力；了解幼儿；活动设计能力；语言表达能力

分析：展示主要内容为两部分：一是根据故事内容进行绘画，构图合理，绘画内容和主要情景与故事内容一致，内容反映故事主题，画面具体生动，富有童趣，有一定创意，便于幼儿理解，吸引幼儿兴趣。二是回答问题，考生需了解 3 ～ 4 岁幼儿心理年龄特征，特别是直观行动思维、模仿学习特点以及兴趣等个性发展的知识，考查考生运用绘画作品讨论小狗的形象特征和生活习性，激发幼儿兴趣；利用作品帮助幼儿理解故事内容；配合幼儿进行故事表演；仿编故事等保教活动的设计与表达能力。

二、常见问题诊断

（1）只绘画几个简单造型，绘画内容与故事内容不符。

（2）绘画基本功差，造型呆板简单、不够生动有趣，缺乏幼儿意识。

（3）绘画内容缺乏情节和顺序，与故事发展不符。

（4）回答问题缺乏基本的利用故事或绘画作品开展保教实践活动的设计能力。

三、实操建议

应试技能训练重点：

1. 备课室备课，正确理解试题题意

根据考题内容和基本要求，明确面试展示的第一项内容是为故事内容配插图，然后直接回答问题。故而备课阶段主要是配插图，并将回答问题的要点书写在备课纸上。

2. 面考展示：再次为故事内容配插图，然后回答问题

有些省份面考展示配插图让考生在面试室内的黑板上进行绘画，有些省份是让考生坐在现场指定的课桌上用素描纸进行绘画。

★面试小窍门

如果是用素描纸配插图，考生要学会合理分配时间，在备考室一般用10分钟左右时间为故事完成主要轮廓和造型情节内容的绘画，用3分钟将回答问题要点书写在备课纸上，进入面考室后利用5～6分钟给为未完成作品涂色、修改，最终完成配插图作品。

四、岗课证赛衔接

考生应重点掌握以下编构故事专业实践知识要领。

幼儿故事教学的特殊形式——编构故事

利用故事和为故事（情节）配插图作品（以下简称插图），组织幼儿开展编构故事活动是幼儿故事教学的一种特殊而又常见的形式。

幼儿根据故事（插图）编构故事就是要求幼儿尝试运用语言，按照故事（插图）一定的规则来编出符合生活常规的精彩故事。

编构故事需要幼儿有一定的生活经验，更要依赖幼儿自身语言表达能力和充分的艺术想象力、思维能力以及对故事（插图）基本结构的理解，所以不同年龄段幼儿编构故事能力具有典型的年龄阶段特点。

小班：编结局，即幼儿根据个人对故事（插图）内容、情节、人物、主题的理解，在故事行将结束时为故事编构一个结局。比如，故事《胆小先生》、童话《差一点》等作品很适合小班幼儿编结局。

中班：编高潮和结局，即编“有趣情节”。教师在讲述到故事（插图）高潮部分时戛然而止，提醒幼儿想象可能编构的部分。如《会爆炸的苹果》《甜房子》等都是中班幼儿比较好的续编教材。

大班：编完整故事。由于大班幼儿普遍地掌握了故事编构的情节展开方式，所以他们可以编构完整故事。只要幼儿编构的故事基本具有语言、情节、人物和主题等构成要素即可。教师应给幼儿提供一些背景材料，如为故事配插图作品，以助于幼儿编构故事。

创编和续编虽然对幼儿创造想象有共同的促进作用，但创编的难度更大，对幼儿知识、能力的要求更高，因此在幼儿故事编构教学中，小班、中班应以续编为主，大班以创编为主。

第六节　本章小结

一、本章模考试题清单（见表 6-1）

表 6-1　全仿真模考训练试题清单

序号	考题类型	题目	内容	基本要求
1	文本讲故事	自选中班常见幼儿故事，如《蛀牙王子》	1. 讲述故事 2. 回答问题	1. 讲述故事：①有幼儿意识，表现出正对幼儿讲故事；②普通话标准，口齿清楚，语速适宜，富有感染力 2. 回答问题：① 4 ～ 5 岁幼儿对哪部分内容最感兴趣和最难理解，为什么？②根据故事，可以组织开展什么活动（说出 3 种） 3. 请在 10 分钟内完成上述任务
2	情境（景）表演讲故事	自选小班入园、进餐、午睡、饮水、盥洗等一日生活各环节其中一个场景，如“过家家”	创编一个简单的情景表演故事，启发幼儿喜欢幼儿园生活，缓解或消除入园不适应的情况	1. 故事有 1 ～ 2 个角色，有简单的情节 2. 选择或制作道具 3. 模拟对小班幼儿表演 4. 请在 10 分钟内完成上述任务
3	看图讲故事	自选中、大班看图讲故事，如《小熊请客》	1. 看图讲述 2. 模拟提问	1. 看图讲：①符合图意，语言生动有趣；②普通话标准，口齿清楚，语速适宜，富有感染力 2. 模拟提问：向幼儿提两个问题，引导幼儿仔细观察每幅图画的内容及其之间关系 3. 请在 10 分钟内完成上述任务

续表

序号	考题类型	题目	内容	基本要求
4	表演故事	自选大班常见故事表演作品，如《借你一把伞》	1. 表演故事 2. 回答问题	1. 表演故事：①模拟故事表演，从“我有一个秘密到它已经消失在了冬夜的雾气里”（粗黑体部分）；②普通话标准，语气、语调、动作表情符合角色形象，有感染力 2. 回答问题：如果让 5 ～ 6 岁的幼儿表演故事，你要如何组织这一活动 3. 请在 10 分钟内完成上述任务
5	为故事（情节）配插图	自选小、中、大班幼儿常见故事，如《好饿的小蛇》	1. 为故事配插图 2. 回答问题	1. 选取一段，为故事配插图：符合故事内容，造型生动，富有童趣，便于幼儿理解 2. 回答问题：利用故事和你的作品，能带领 3 ～ 4 岁的幼儿开展什么活动（说出两种） 3. 请在 10 分钟内完成上述任务
6	创（续、仿）编故事	自选中班、大班常见创（续、仿）编故事，如《小猪吃西瓜》	1. 看图创编讲述 2. 模拟提问	1. 看图创编讲述：①创编符合图意，语言生动有趣；②普通话标准，口齿清楚，语速适宜，富有感染力 2. 模拟提问：向幼儿提两个问题，引导幼儿仔细观察每幅图画及其之间关系 3. 请在 10 分钟内完成上述任务

二、材料准备

（1）模拟清单题目，利用网络、儿童故事绘本、画报或请教幼儿园教师等确定。

（2）常见材料准备：画纸（A4/B4 均可）、水彩笔、油画棒、蜡笔、彩铅、卡纸、纸杯、橡皮泥、废报纸等。

（3）单独空教室 2 间（1 间备考室，1 间面考室），学习小伙伴 2 ～ 3 人。

三、流程模考

（一）备考室（20 分钟）

1. 审题，正确理解题意

先通过题目名称一目了然确定面试主题是文本讲故事 / 表演故事 / 为故事（情节）配插图 / 创（续、仿）编故事 / 看图讲故事，还是其他考查方式。而后通过内容进一步确定面试具体内容和任务，即清楚知道要面试什么，面试要做的具体任务是什么。而审题重点是理解把握基本要求部分，可对基本要求通过迅速用笔圈找关键动词方法，确定完成面试任务的行为方式方法，即考查讲故事的专业技能技巧要求。这也为下一步备课备什么、怎么备奠定了逻辑前提。

2. 备课

从审题可以确定，试题页内容就是面试的主要任务，有几项内容就是几项面试任务，基本要求就是怎么备。

（二）面考室（20 分钟）

1. 考官核对信息无误后，开始结构化面试（5 分钟）

2. 展示环节

稍微停顿调整一下，直接开始文本讲故事 / 表演故事 / 为故事（情节）配插图 / 创（续、仿）编故事 / 看图讲故事即可，不必刻意设计导入。当然如果是讲故事可以适当地在故事开头或故事中或故事结束时自行设计 1 ～ 2 个问题，以吸引幼儿注意力和兴趣或帮助幼儿理解故事内容。最后对提出的问题作出回答即可（10 分钟）。

3. 答辩环节（5 分钟）

如果考官无其他问题，此环节省略。切忌将考题纸、备课纸等考试材料带离考场，只允许带自己准考证、身份证等相关证件离开。面试结束。

第七章 儿歌（曲）活动与教师职业能力

【目标导读】

• 了解儿童歌曲、儿歌面试展示的类型、要求，熟悉常见问题，掌握相关实践知识。

• 掌握儿童歌曲、儿歌各类型考查技能，运用相应技能和实践知识设计、组织开展相应教育活动。

• 激发学习兴趣，树立正确的面试观和职业能力观，规范儿童歌曲、儿歌面试基本礼仪。

【内容导引】

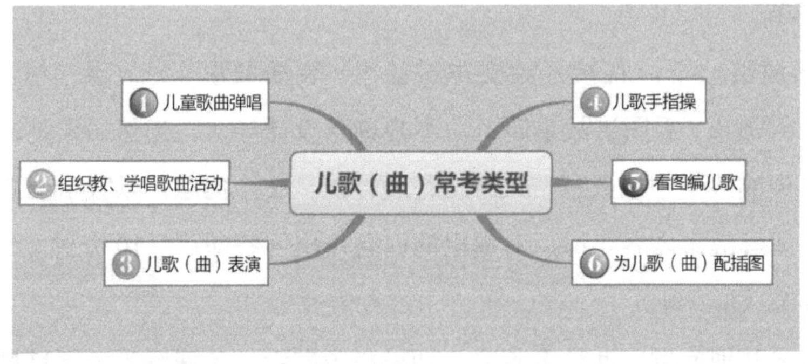

能够根据《幼儿园教育指导纲要（试行）》《3～6岁儿童学习与发展指南》的要求，以及幼儿的兴趣需要和年龄特点，选择教育内容，确定活动目标，设计、组织、评价教育活动是《学前教师职业能力标准（试行）》中要求幼儿园教师应具备重要的实践能力。儿童歌曲弹唱、幼儿学唱歌曲和儿歌、儿歌（曲）表演、儿歌手指操、看图编儿歌、为儿歌（曲）配插图等都是幼儿园教师资格面试考查应考者教师职业能力的主要内容。

第一节　儿童歌曲弹唱与教师职业能力

儿童歌曲弹唱在面试中是一种常见的考试内容和形式。通过试题中带有简谱的歌曲，主要考查考生完整、流畅弹奏歌曲，节奏准确、把准音高、吐字清晰、处理好感情基调，有表情地演唱歌曲等基本专业技能，同时考查考生对幼儿歌曲弹唱活动实践知识的理解与运用能力。

【关键词】弹唱歌曲；幼儿歌曲活动实践知识

一、真题分析

【题 7-1】

［题目］歌唱《小鸡出壳了》（略）

［内容］

1. 弹唱歌曲

2. 回答问题

［基本要求］

1. 弹唱歌曲

（1）完整流畅弹奏，节奏准确；

（2）有表情地歌唱，吐字清晰，把准音高。

2. 回答问题

（1）这首歌曲表达的内容是什么？

（2）在本节课中要注意的教学难点是什么？

3. 请在 10 分钟内完成上述任务

［主要考核目标］弹唱技能；了解幼儿；设计教学活动能力；表达交流能力

分析：本题主要考查考生的基本乐理知识和视唱练耳基本功，确定音域范围，在弹唱歌曲时，考生弹奏姿势要正确，节奏准确，完整流畅弹奏歌曲；歌唱发音正确，呼吸方法正确，演唱歌曲正确，并对歌词做情感处理，让歌声更有感情。即在指定的调内，有表情地边弹边唱，把握旋律的音高，吐字清晰，节奏准确。回答问题部分则是考查考生对弹唱歌曲内容的理解和歌曲活动设计能力，即歌曲内容借助具体生动形象的小鸡出壳情景，帮助幼儿认识生命的开始及其情感，在歌曲弹唱活动设计中从歌词内容、难易程度、句式特点、音域范围（1=G）、2/4 节拍、“1.”附点节奏等信息，结合幼儿歌唱能力发展特点，可以判断歌曲一般适合 4 ～ 5 岁幼儿，从而确定教学难点可能会出现幼儿歌唱时“走音”“喊叫”现象；个别幼儿歌唱时可能音准较差，出现跑调现象；有的幼儿在歌唱时可能不会换气，出现句子中断现象等。这些问题无论是在面试中还是在真实教学中均应引起重视。

二、常见问题诊断

（1）经常发生错调现象，如《小鸡出壳了》1=G 调，往往弹奏成其他调。

（2）弹奏姿势不正确，十指弹奏协调性差，和弦不熟练。

（3）演唱声音过高或过低，发音不准，旋律、歌词、节奏不一致，表情过度紧张，缺少愉悦情绪情感。

（4）对儿童歌曲弹唱活动设计与组织实践知识掌握不够。

三、实操建议

1. 自主学习幼儿歌唱活动内容材料选择、设计与组织、评价等实践知识

2. 应试技能训练重点

（1）夯实乐理和视唱练耳基本功。

（2）立足平时，强化训练歌曲弹唱技能。

（3）注重歌曲弹唱礼仪，有表情地边弹边唱。

四、岗课证赛衔接

考生需要掌握的幼儿歌曲弹唱专业实践知识主要有以下两方面的内容。

（一）儿童诗歌、儿歌、儿童歌曲

儿童诗歌是儿童文学作品中韵体作品的统称，即属于儿童文学作品体裁，主要包括儿歌、儿童诗、儿童散文、浅显古诗等。语言精练、想象丰富、内容生动、有优美韵律和节奏，易懂易记，适合儿童学习是它们的共同特点，也是儿童喜闻乐见的一种文学形式。

儿歌是儿童歌谣的简称。它在儿童文学中占据着重要的位置，是儿童情感教育和启迪心智的重要工具。一般运用一定的艺术形式和表现手法反映现实社会生活，是最富有

韵律感的儿童诗歌形式。常见的儿歌形式有摇篮曲、游戏歌、数数歌、问答歌、连锁调、绕口令、字头歌和颠倒歌、谜语歌等。

儿童歌曲通常是有歌词，有旋律的歌曲，即用简单音符编写出适合幼儿经验水平和认知特点的乐曲，属于幼儿音乐体裁的一种。

（二）幼儿歌曲弹唱技能六步法

第一步：确定音域范围，正确识谱。

第二步：弹奏钢琴姿势要正确。

坐姿自然、端正，以有利于弹奏为原则，身体不要僵硬、紧张或过于松懈。身体重心依靠臀部和脚尖支撑。坐到凳子三分之一左右的地方，不要把座位都坐满。上身直立略向前倾 , 使重心略靠前 , 便于将力量向前传送至手指。座位的高低 , 要根据弹奏者的高矮来决定 , 原则上肘、前臂、手与键盘保持一个相同的水平高度 , 或略高于键盘。座位的远近 , 也要视弹奏者胳膊的长短来决定，要使在弹奏时 , 胳膊可以自如地移动。小技巧：坐在钢琴前 , 将两臂在自然放松的情况下向前伸，两手握在一起 , 使两臂形成一个椭圆形，轻轻放下，如果正好落在白键上，这就是比较合适的位置，一般可以放在踏板附近，这个位置比较适合于弹奏，也利于使用踏板。基本手型，弹奏钢琴要求手、臂放松，自如地呈半圆形，手指略向里弯曲。试着先轻轻握拳 , 然后慢慢放开 , 直至手形成一个半圆状，手腕和琴键基本平行，掌关节略凸起，大拇指指端外侧触键，掌关节与指关节支持站立。这就是弹奏钢琴基本手型，过于平直和过于勾曲都会造成演奏者的过度紧张。

第三步：歌唱发音要正确。

嘴巴自然打开，下巴放松，口型保持长圆形，嘴唇动作自然，不要夸张，表情自然、放松、愉悦，用自然声音歌唱，声音不要过大或过小。

第四步：呼吸方法要正确。

呼吸方法正确，自然地吸气、呼气，吸气时不耸肩，不抬头。歌唱时根据乐句换气，不要随意呼吸。

第五步：演唱歌曲要正确。

把准音高，正确掌握好旋律、歌词、节奏，吐字清楚，气息平稳，用正确感情处理歌曲。

第六步：一边弹奏歌曲，一边有表情地歌唱。

第二节　教、学唱歌曲与教师职业能力

模拟组织教、学唱歌曲活动是最常见的考试类型。通过幼儿喜闻乐见的歌曲，一方面考查考生基本的弹唱技能，另一方面重点考查考生根据幼儿歌唱能力发展年龄特征等实践知识设计、组织、评价幼儿歌唱活动的基本能力。

【关键词】歌唱活动；弹唱；教唱；学唱；歌唱活动实践知识；设计；组织

一、真题分析

【题 7-2】

［题目］歌唱《小鸡出壳了》（略）

［内容］

1. 弹唱歌曲

2. 模拟组织幼儿学唱歌曲

3. 回答问题

［基本要求］

1. 弹唱歌曲

有表情地边弹边唱，把握旋律的音高，做到吐字清晰，节奏准确。

2. 模拟组织幼儿学唱歌曲

模拟组织幼儿学唱歌曲，教学方法基本适合幼儿特点。

3. 回答问题

（1）这个歌曲适合哪个年龄段的孩子？

（2）歌唱教学的组织环节可以有哪些？

4. 请在 10 分钟内完成上述任务

［主要考核目标］弹唱技能；了解幼儿；歌唱活动设计能力；表达交流能力

【题 7-3】

［题目］歌唱《好娃娃》（略）

［内容］

1. 弹唱歌曲

2. 模拟组织向幼儿教唱歌曲

［基本要求］

1. 弹唱歌曲

完整流畅弹奏，节奏准确；有表情地歌唱，吐字清晰，掌握好旋律的音高。

2. 模拟组织幼儿教唱歌曲

符合幼儿特点，激发幼儿歌唱兴趣，适合幼儿能力发展水平。

3. 请在 10 分钟内完成上述任务

［主要考核目标］弹唱技能；了解幼儿；歌唱活动组织能力

分析：这两道题重点考查考生三方面的技能、能力和实践知识。一是基本的弹唱歌曲技能。二是掌握幼儿歌唱能力发展的年龄特征，掌握幼儿歌唱活动组织过程、环节、常见策略、方法等实践知识。如《小鸡出壳了》中，根据歌词内容、难易程度、句式特点、音域范围（1=G）、2/4 节拍、“1.”附点节奏等信息可以判断歌曲一般适合 4 ～ 5 岁的幼儿歌唱。三是设计或组织教唱歌曲或幼儿学唱歌曲活动的基本能力。如题 7-2 模拟组织幼儿学唱歌曲、回答问题，题 7-3 模拟组织教唱歌曲，考生需熟悉幼儿歌唱活动教、学唱教学组织主要环节有讲故事、看图片、念歌词、听音乐、动作表现、唱歌曲、游戏、情景表演等，在模拟展示中有幼儿意识，教学态度和方式要亲和，易于幼儿理解，能借助符合幼儿特点和能力水平的动作、表情、语言、图片、故事，激发幼儿学习的兴趣，帮助幼儿准备理解歌词内容并进行歌唱，同时注意以下教学重点和难点：学会聆听音乐，把握音准和音高，把握音乐的速度和节奏，肢体动作与音乐相吻合，自由抒发内心的感情。

二、常见问题诊断

（1）歌曲弹唱基本技能不过关，过度紧张。

（2）缺乏角色意识，模拟组织幼儿歌唱活动环节、策略、方法不熟练，活动过程师幼互动性较差。

（3）不熟悉幼儿歌唱能力发展特征等实践知识。

（4）备考中，此类题严格来说，还应设计简单的歌唱活动方案，但考虑到有弹唱、模拟组织教、学唱歌曲，又要回答问题，还要在 20 分钟内完成，时间有限，为了保证备考效率，备考重点应为迅速识谱、练习弹唱、模拟组织教、学唱活动，备课纸上只须言简意赅书写回答问题答案要点或组织教、学唱活动大概过程以及相应教学手段、方式方法即可，无须花过多时间放在书写活动方案上。

三、实操建议

1. 自主学习幼儿歌唱能力年龄特征、歌唱活动目标、内容与选材、设计与指导等相关实践知识

2. 应试技能训练重点

（1）夯实乐理和视唱练耳基础，强化练习弹唱技能。

（2）熟练掌握幼儿歌曲教唱、学唱活动的组织。

（3）有幼儿意识，注重幼儿歌曲教、学唱活动教师礼仪。

四、岗课证赛衔接

考生需要掌握的幼儿歌曲教唱、学唱活动组织的专业实践知识有以下内容。

（一）幼儿歌唱能力发展的年龄特点

1. 3 ～ 4 岁幼儿歌唱能力发展特点

歌词上，3 ～ 4 岁幼儿语言发展较之前有很大进步，能比较完整再现一些短小歌曲和较长歌曲中的片段，但对歌词含义理解存在一定困难，歌唱时往往故意把那些不理解或记不住的字、词忽略掉。如“小鸟小鸭碰在一起”中的“碰”字，“一同唱歌一同游戏”中“一同”二字等。在听力和发出语音方面也会遇到一些困难，经常把听不清或发不出的声音自行用他们熟悉的语音替代，如把“快”音发成“太”音，把“掉地上”发成“叫季下”等，尤其对不熟悉、不理解的歌词，吐字不清或发音不准等现象更为普遍。

音域上，该年龄段幼儿发音器官正处于生长发育阶段，声带短而柔嫩，音量较小，音色比较清澈透明，一般音域为 c1 ～ a1（即 C 调的 1 ～ 6），听起来最舒服的声音在 d1 ～ g1，可以唱 5 ～ 6 个音。

节奏、节拍上，3 ～ 4 岁幼儿歌唱已经出现了初步节奏意识，但依然模糊，且多数与歌词的节奏有关，所掌握的歌曲节奏也有限。如果歌曲节奏与幼儿心跳、呼吸、脉搏等自身生理活动节奏等相适应或与幼儿走、跑、跳等身体动作的节奏相协调，幼儿容易掌握。因此，该年龄段幼儿一般能容易掌握由二分音符、四分音符、八分音符构成的歌曲节奏。

旋律上，在没有乐器伴奏下，独立歌唱时“走音”现象相当严重。有的幼儿在每一个乐句中都有唱不准的音，有的幼儿虽在一个乐句中能基本唱准曲调但在乐句与乐句之

间经常“走调”。在有乐器或歌声伴随下，3～4 岁幼儿歌唱的音准能够得到很好的改善。此外，如所唱歌曲音域过宽、定调过高或过低、旋律中难于掌握的音过多、幼儿处于疲劳、注意力不集中时，也容易出现“走音”的情况。音准是学前儿童在歌唱活动中最难掌握的一种技能。

呼吸上，幼儿肺活量小，呼吸短促，歌唱时一字一停顿或两三个字就换气，因换气而中断句子、中断词义现象或者“讲歌”情况时常发生。这个阶段的幼儿适合唱节奏简单、速度平稳的歌曲。

歌唱表现上，3～4 岁幼儿对歌唱的表现意识和表现技能获得一定发展。在唱熟悉和理解了的歌曲时，能做到速度、力度、音色的明显变化来表现歌曲中不同形象和情绪情感。如“大猫和小猫”（强和弱），“汽车和火车”（快和慢），“大鼓和小铃”（强和弱，沉闷和清亮），“小马的快乐和伤心”（快而跳跃，慢而连贯）等。同时，他们还可以掌握速度和力度的渐变。如唱《摇啊摇》这类歌曲时，会用渐慢渐弱的唱法结束，表达娃娃慢慢地睡着了。

2. 4～5 岁幼儿歌唱能力发展特点

歌词上，这一阶段的幼儿对歌词的听辨、理解、记忆能力有了很大提高，对于掌握一般歌词没有太大困难，发音正确，一般可以比较完整、准确地再现熟悉歌曲的歌词，唱错字、发错音现象大大减少。

音域上，有所扩展，自然音域在 c1～b1（即 C 调的 1～7），随着年龄增长可扩展到 c1～c2。但如果这个高音是处于强拍位置，又占较长时值，或同一首歌曲出现多次，该年龄段幼儿在演唱时会感到吃力，出现难以胜任的“走音”现象。同时，音量大幅度增加，也可能会出现“喊叫”现象，音色仍有柔嫩、明亮特点。

节奏、节拍上，随着听觉分化能力逐渐提高，对歌唱节奏表现能力有较大发展，能唱好 4/4、2/4 拍的歌曲，对 3/4 拍歌曲节奏也能进行初步理解和掌握。不仅能掌握四分、八分音符歌曲节奏，还能比较准确再现二分音符节奏，以及带附点（附点的节奏为前面音符时值的一半，如“5.”等）节奏。

旋律上，把握音准能力获得一定提高。在有琴声伴奏下，歌曲难度适中，一般幼儿都能基本唱准音高。协调一致能力有所提高，能较好地领唱、齐唱歌曲。在无伴奏或一人独唱时，仍有部分幼儿不能很好把握音准，出现“走音”现象。在幼儿精神比较紧张的情况下，如测验、比赛、演出等，音准方面差错一般高于歌词和节奏方面差错。

呼吸上，在良好教育影响下，幼儿歌唱时一般能学会呼吸自然而迅速，不耸肩，不发出响的吸气声，能节制地消耗气息，按照音乐进程换气，不会随意中断音乐的节奏。

歌唱表现上，此阶段幼儿的歌唱表现意识进一步增强，能够较熟练地应用一些简单表现技能，对歌曲的形象、内容、情感体验理解能力有所增长。因此，他们在歌唱中能积极主动运用声音的不同速度、力度（如中强、中弱、稍快、稍慢）和表现技能（如跳音、顿音、保持音、连音等）唱不同性质歌曲，能唱出一首歌曲中强弱、快慢的明显对比和逐步变化，来表现比较细致和复杂的音乐形象。如《雪花和小雨滴》中，他们既能唱出雪花的温柔，又能唱出雨滴的轻巧；在《好朋友》中，他们能把生气、不好意思、害羞、高兴等情感体验和情绪转变过程生动细致地用歌声表现出来。

3. 5 ～ 6 岁幼儿歌唱能力发展特点

歌词上，这个年龄阶段的幼儿一般都能比较完整、准确地再现熟悉歌曲的歌词，唱错词、发错音现象大大减少。但对于特别抽象不能理解的词（如抽象词），有时也会发生唱错歌词的情况。

音域上，5 ～ 6 岁幼儿音域仍在扩展，自然音域在 c1 ～ c2，随着年龄增长和唱歌机会增多，音域可扩展到 a1 ～ d2，个别幼儿甚至更宽。在集体歌唱活动中，应以大多数幼儿音域范围为标准，注意唱好 c1 ～ c2 范围内的音。

节奏节拍上，幼儿能唱 3/4、6/8 拍歌曲，对歌曲中二分、四分、八分音符构成的一般节奏都掌握较好，也能较好地掌握带附点节奏和切分节奏。多数 6 岁幼儿能比较自如掌握常见歌曲节奏，歌唱速度快慢也不会影响他们对节奏的准确表现。

旋律上，随着儿童唱歌经验的不断积累，5 ～ 6 岁幼儿旋律感有了一定发展，特别是音准方面的进步更为明显。一般能比较准确唱出旋律的音高，对小三度、大三度、纯四度、纯五度的音程（两个音的高低关系或两音之间的音高差距，一般用度来衡量）比较容易掌握，初步建立调式（几个音按照一定的关系组成，并以某个音为中心或主音的体系）感。

呼吸上，这一年龄段的幼儿一般都能自然地呼吸，气息保持时间延长，能够按乐曲情绪要求比较自然地换气，不中断音乐的句子，同时音量较之前也有了明显增加。但如果歌曲速度过慢或歌词太长，毕竟肺活量和控制气息能力有限，歌唱时呼吸仍感困难。

歌唱表现上，5 ～ 6 岁幼儿创造性表现意识进一步增强，声音表情、脸部表情、身体动作表情协调一致性进一步增强。他们能通过音色、节奏、速度、力度上的对比变化，表达不同歌曲形象的情感。他们不仅喜欢积极主动参与歌唱，而且喜欢使自己歌唱表现与众不同，通过创编歌词、即兴小曲等创造性表现与表达。集体歌唱时与集体同时开始、同时结束，更会准确地听节奏、间奏来唱歌，对不同演唱形式有浓厚兴趣。

值得注意的是，这个年龄段的幼儿在歌唱时可能养成了一些不正确的表现观念和习惯。如过分夸张地唱下滑音，过分夸张使用气声，过分剧烈晃动身体或头部，做出不自然面部表情和身体姿态等。对于这种情况，幼儿园教师应注意进行纠正或引导，及时消除不良习惯。

（二）幼儿歌唱活动组织四步曲

第一步：完整弹唱示范，幼儿欣赏歌曲。

完整弹唱一遍歌曲，弹唱时注意要有幼儿意识，模拟面向全体幼儿，弹唱姿势正确，旋律节奏准确，咬字和吐字规范，音色优美动听，富有感情、精神饱满，帮助幼儿完整聆听、感知、欣赏歌曲整体形象，感染幼儿情绪，激发情感共鸣，引发幼儿学唱歌曲兴趣和愿望。

第二步：熟练运用多种方法，学习歌词 。

熟练运用多种方法，帮助幼儿熟悉、理解、记忆歌词内容，体验歌曲情感，常用的方法有：

（1）填充提问法。

即模拟向幼儿说歌词前半句，请幼儿说出后半句。这种方法适合歌词整齐的音乐。如《好娃娃》中，模拟向幼儿提出问题："爷爷年纪大呀，嘴里怎么了呀。"模拟幼儿回答："嘴里缺了牙。"

（2）节奏朗诵法。

即模拟向幼儿按照歌曲节奏朗诵歌词，帮助幼儿在记一个词的同时掌握歌曲的节奏。如《小鸡出壳了》《好娃娃》都可以采用此法。

（3）动作、情境表演法。

即模拟向幼儿凭借歌曲内容中出现的形象动作或情景，表演歌曲内容。如《小鸡出壳了》中模拟小鸡出壳时的动作表演帮助幼儿理解歌词，《好娃娃》也可模拟扮演爷爷、奶奶、爸爸和妈妈，按照生活情境发生先后顺序，借助动作表演，帮助幼儿理解歌曲和表达感情。

（4）直观教具法。

即模拟选用或制作与歌曲内容相关的图片、卡片、玩具、实物等直观教具，配合教唱或学唱。如《小鸡出壳了》《好娃娃》均可采用情境图片，帮助幼儿理解、记忆歌曲内容。

（5）逻辑提问法。

模拟按照歌曲内容逻辑关系组织提问。通过一问一答方式，帮助幼儿熟悉记忆歌曲内容。如《好娃娃》，模拟向幼儿提问：“爷爷年纪大呀，嘴里怎么了呀。”模拟幼儿回答：“嘴里缺了牙。”继续问：“我给爷爷做什么呀！”模拟幼儿回答：“我给爷爷端杯茶呀！”继续问：“爷爷怎么了呀？”回答：“爷爷笑哈哈。”依此类推，奶奶、爸爸和妈妈一问一答。

第三步：选择形式，教、学唱歌曲。

教唱和学唱歌曲是幼儿歌唱活动中一个问题的两个方面，教唱与学唱相互依存，统一于幼儿歌唱活动中，也是幼儿歌唱活动的主要内容。在模拟组织幼儿学唱歌曲活动中，可采用以下两种形式。

形式 1：教唱歌曲。

采用整体教唱和分句教唱相结合的方式，模拟让幼儿跟唱歌曲。

整体教唱是指模拟向幼儿完整地教唱，幼儿完整地跟唱，这种方法的优点在于能激发幼儿的音乐感受能力，使其全神贯注地听和学，它比较适合一些结构短小、内容紧凑、形象集中的歌曲。但对于年龄较小的幼儿而言，记忆歌词时经常出现记住后一句忘记前一句、记住前一句忘记后一句的情况。

分句教唱是指模拟向幼儿教一句，幼儿学一句。这种方法的不足之处在于破坏了歌曲的完整性和所要表达的艺术形象，而且一句一句学唱很难激发幼儿积极思维、记忆和想象力等，故而适合解决歌曲中重点、难点或较长乐句的学唱，同时借助形象的表演或动作，帮助幼儿理解歌词，感受旋律，提高学唱效果。如《小鸡出壳了》可采用分句教唱，教唱中借助小鸡出壳的动作、表情等来引导幼儿唱歌。

在实际教唱过程中，可以将上述两种教唱方法结合运用，根据歌曲和幼儿实际情况，可先整体教唱，然后分句教唱，再整合教唱。如《好娃娃》，每一乐句采用整体教唱，句中重点词句借助动作表情表演分句教唱即可。

形式 2：指导学唱歌曲。

在学唱环节中也可以模拟指导幼儿学唱歌曲，常见指导幼儿唱歌形式有：

（1）齐唱。就是全体幼儿一起唱。对于多数幼儿似会非会或熟悉的歌曲可采用齐唱的方式。这种方式可以使幼儿之间相互学习，营造出热烈欢快的歌唱氛围。

（2）领唱。在齐唱中，一名幼儿或多名幼儿唱歌曲中主要的旋律部分，而集体唱歌曲中次要的旋律部分。

（3）小组唱。即部分幼儿演唱。这种方式的优点是：参与人数少，便于教师倾听、观察每个幼儿的歌唱情况，若发现问题可以及时纠正；部分幼儿歌唱时其他幼儿得到休息机会；幼儿同伴之间相互倾听、模仿、讨论学习，共同提高歌唱能力。需要强调的是，在分组时，要明确分组目的，为什么要请部分幼儿唱，达到什么目的，心里一定要有数。可以按照原有小组、性别或指定进行分组。

（4）接唱。分为幼儿与幼儿、小组与小组的接唱歌曲。

（5）对唱。就是幼儿与幼儿、小组与小组之间的对答式演唱歌曲。对唱多是单声部歌曲，且氛围热烈。

（6）独唱。在领唱、对唱歌曲中有意识地训练幼儿的独唱能力。让每个幼儿都有领唱的机会，并由几名幼儿领唱向一名幼儿领唱过渡，逐步发展幼儿的独唱能力。

（7）轮唱。两个或三四个声部相隔一定的拍数，先后演唱同一首歌曲。轮唱的每个声部都相互呼应，此起彼伏，营造独特的氛围。

（8）合唱。即将幼儿分成几个声部，同时演唱不同旋律的歌曲。讲究整体的和谐与统一，这也是歌唱形式中较难的一种，适合于5岁以后的幼儿学唱歌曲时使用。

★注意：从考试实效性来讲，一般情况下，只需选择形式1中的整体教唱与分句教唱相结合即可。对于应试能力较强的考生可将上述两种形式结合展示模拟教唱或幼儿学唱歌曲活动。

第四步：完整弹唱，复习歌曲。

模拟和幼儿一起，完整弹唱一次歌曲，达到复习新曲的目的，结束展示。

第三节　儿歌（曲）表演与教师职业能力

儿歌（曲）表演也是幼儿园教师资格面试中常见的一种考试类型。主要通过3～6岁幼儿常见的儿歌或歌曲表演技能进行展示，重点考查考生儿歌朗诵技能和歌曲弹唱技能，并运用儿歌活动或歌曲表演活动实践知识设计、组织幼儿学儿歌活动或教歌表演活动的基本保教能力。

【关键词】儿歌文学活动；表演儿歌；学儿歌；歌曲表演

一、真题分析

【题 7-4】

［题目］儿歌《小雨点》（略）

［内容］

1. 模拟对幼儿表演儿歌

2. 模拟组织幼儿学儿歌

［基本要求］

1. 模拟表演儿歌

普通话标准，语气、语调、动作表情符合角色形象，有感染力。

2. 模拟组织幼儿学儿歌

有趣、吸引幼儿参与，有利于幼儿熟悉、理解儿歌。

3. 请在 10 分钟内完成上述任务

［主要考核目标］朗诵儿歌基本技能；了解幼儿；教学活动组织能力；表达交流能力

分析：此题以歌谣《小雨点》为载体，主要考查考生儿歌的表演技能和组织幼儿学儿歌内容的基本保教能力。这类考题从内容属性来看属于语言领域歌谣文学作品活动。在模拟儿歌表演中，考生运用普通话标准，借助适度夸张的动作、表情、语气、语调、图片、道具等表现小雨点下落的情境和形象特点，形成欢快愉悦的氛围，吸引幼儿，感染幼儿；在模拟组织幼儿学儿歌中，要有幼儿角色意识，能基本运用幼儿儿歌文学活动目标、内容、方法等实践知识开展学儿歌活动，体现出考生基本的儿歌文学活动组织能力。

【题 7-5】

［题目］歌曲《给爷爷奶奶敲敲背捶捶腿》（略）

［内容］

1. 弹唱歌曲

2. 模拟对幼儿教“歌表演”

［基本要求］

1. 弹唱歌曲

（1）完整流畅弹奏，节奏准确；

（2）有表情地歌唱，吐字清晰，把准音高。

2. 模拟面对幼儿教“歌表演”

（1）符合幼儿特点，激发兴趣，适合幼儿能力水平；

（2）表情适宜，表演与歌词内容相符合。

3. 请在 10 分钟内完成上述任务

［主要考核目标］弹唱技能；了解幼儿；教育活动组织；表达交流

分析：本题属于为幼儿歌曲创编表演动作的歌唱活动范畴，即幼儿歌曲表演唱活动。主要完成两项任务：一是完整弹唱歌曲；二是重点考查考生利用动作和身体律动的协调性，模拟对幼儿通过适当动作示范或舞蹈展示，教幼儿“歌表演”。一般地，教“歌表演”活动环节主要包括聆听歌曲、歌唱、律动、歌唱表演、听音乐打节奏、音乐游戏等。同时，也要注意以下教学重点和难点：学会聆听音乐，把握音准和音高，把握音乐的速度和节奏，肢体动作与音乐相吻合，自由抒发内心的感情。题 7–5 教“歌表演”的目的是通过让幼儿扮演爷爷、奶奶、宝宝角色，以歌曲中重点节奏为突破点（注意休止符 0 处停顿），鼓励幼儿做拍手等动作，刺激幼儿对节奏的敏感度，培养幼儿节奏感和肢体协调能力。同时帮助幼儿学习歌词，熟悉歌曲的演唱，表达歌曲中幼儿对爷爷、奶奶的爱之情感。本题首先在指定调内，把握好完成流畅弹唱歌曲；其次通过利用图片、动作等手段教态亲和地模拟向幼儿歌唱与表演示范，示范讲解重点乐句，帮助幼儿感知节奏，熟悉理解歌词与情感；再次模拟让幼儿分角色进行歌唱与表演，灵活运用整体教唱和分句教唱；最后完整弹奏，模拟和幼儿齐唱结束展示。（其他活动方式可参考本章第二节内容）

二、常见问题诊断

（1）表演儿歌动作简单、呆板，语气语调缺乏变化，动作表情与角色匹配度低，感染力差，个别方言会影响表达效果。

（2）不熟悉儿歌文学活动组织策略，模拟组织幼儿学儿歌活动无趣、缺乏吸引力，模拟幼儿对儿歌内容的熟悉与理解效果差。

（3）不熟悉幼儿歌曲表演活动组织策略，模拟组织教“歌表演”活动无趣、缺乏吸引力，模拟幼儿对歌曲内容的熟悉与理解效果差。

（4）缺乏角色意识，模拟组织活动中师幼互动性差。

三、实操建议

1. 自主学习幼儿文学活动目标、内容、设计、组织等实践知识

2. 应试技能训练重点

（1）熟悉儿歌表演常见形式，模拟表演。

熟悉儿歌表演常见的形式有念（诵）、奏、唱、演、教等，凭借表情、声音、动作、角色、歌舞、情景等表达儿歌的主题。

在考试中，以文字歌谣最为常见，选择两种或以上相结合的表演形式，用标准普通话诵读，吐字清晰、发音准确，说唱结合，适时变化语气、语调，辅助于丰富表情、恰当动作等态势语，把儿歌内容和情节有节奏、自然流畅地表演出来，体现出歌曲的童真、童趣和音韵美，富有感染力。

（2）树立幼儿意识，增强师幼互动性。

四、岗课证赛衔接

考生需要掌握教儿歌、学儿歌活动的专业实践知识。

组织幼儿学儿歌展示过程三步曲

第一步：模拟表演儿歌，幼儿感知欣赏儿歌。

模拟向全体幼儿整体表演儿歌，运用标准的普通话，借助适度夸张的动作、表情、语气、语调、图片、道具等将自己质朴的情感融入其中，从而创设良好的、与儿歌意境一致的视听情境，激发幼儿聆听儿歌的兴趣和愿望，帮助幼儿身临其境地感知、初步欣赏儿歌作品。

第二步：模拟示范表演，让幼儿体验理解儿歌。

采用分句示范表演与有效提问结合的方式方法，选择挂图、实物、道具等辅助手段，帮助幼儿体验、理解儿歌内容、意境、情绪情感、表现形式、重难点字词句段。

通过声情并茂的朗诵或优美舞姿或舒展恰当动作进行示范表演，组织教学的语言逻辑要清晰，易于幼儿熟悉、理解、朗读儿歌，帮助幼儿理解儿歌意境、情绪情感，通过描述性提问（如《小雨点》中模拟问幼儿“小雨点落下来的声音是什么样子的？都落在哪里了？花儿、青蛙、麦苗、小朋友乐成什么样子了呀？”）、思考性提问（如《小雨点》中“花儿为什么乐得张嘴巴呀？”）、假设性提问（如《小雨点》中“那小朋友们想一

想，如果小雨滴落在了小树上，小树会乐成什么样子呀？如果落在了小朋友家里，爷爷奶奶 / 爸爸妈妈会乐成什么样子呀？”）以及简明化语言解释，帮助幼儿理解儿歌内容、重难点的字词句和表现形式（不需要让幼儿知道这是什么表现手法，只要让幼儿感受到儿歌中“这样说是什么意思就可以了”。如《小雨点》中让幼儿感受到“小雨点落在花园里，花儿高兴快乐地张嘴巴的样子”就可以）。

第三步：模拟指导幼儿表演儿歌。

在理解儿歌基础上，模拟指导幼儿表演儿歌。可通过观赏、绘画、制作、参观、观察、歌舞、劳动、配乐朗诵等方式方法组织指导幼儿教学，教学方法应符合幼儿特点，且易于学习、掌握。面试中经常采用以下两种方式模拟教学：第一种是朗诵儿歌，重点体现指导幼儿集体、小组、个人诵读、分角色朗诵和对答式朗诵的分组方式；朗诵时可以分句朗诵、分节朗诵、整体朗诵，注意假象创设幼儿朗诵发音不准、漏词、漏句常见现象，并体现有效指导策略方法。第二种是幼儿创造性角色表演儿歌，重点体现创设良好的幼儿角色表演活动环境以及指导幼儿一边表演一边诵说儿歌。最后简单总结，结束展示。

第四节　儿歌手指操与教师职业能力

手指歌谣是一种常见的又特别受幼儿喜爱的儿童文学作品，通过手指歌谣特别是手指数数歌、游戏歌考查考生基本的手指儿歌表演能力，比较熟练运用不同年龄幼儿特点、经验能力水平、认知特点等实践知识组织具体年龄段幼儿学手指谣活动的能力，常见考查形式是儿歌手指操。

【关键词】手指歌谣；动作示范；讲解；分队（组）分角色；手指谣活动实践知识

一、真题分析

【题 7-6】

［题目］儿歌《小小手》（略）

［内容］

1. 表演儿歌

2. 模拟组织 3 ～ 4 岁幼儿学儿歌

［基本要求］

1. 表演儿歌

普通话标准，语气、语调、动作表情符合角色形象，有感染力。

2. 模拟组织幼儿学儿歌

有趣、吸引幼儿参与，有利于幼儿熟悉、理解儿歌。

3. 请在 10 分钟内完成上述任务

［主要考核目标］表演手指谣基本技能；了解幼儿；教学活动组织能力；表达交流能力

分析：此题是儿歌表演类考题，通过手指儿歌考查考生手指谣表演技能，熟悉 3 ～ 4 岁幼儿手指动作发展特点、学习特点并模拟组织该年龄幼儿学习手指谣文学作品活动的能力（具体展示可参考本章第三节内容完成）。本题也可以归为幼儿手指律动活动，这是一种通过手指的基本律动，模仿幼儿日常生活常见事物或活动状态，促进幼儿十指小肌肉精细动作、协调能力以及口手一致能力发展的音乐韵律活动。

【题 7-7】

［题目］《手指变变变》（略）

［内容］

1. 表演儿歌

2. 模拟对幼儿进行示范讲解

根据图示（略）做动作，一个手指变变变，变成毛毛虫爬爬爬。两个手指变变变，变成小白兔跳跳跳。三个手指变变变，变成小花猫喵喵喵。

［基本要求］

1. 表演儿歌

（1）根据图示（略）边念儿歌边做动作：动作要与图示要求基本相符，有一定节奏；

（2）动作能配合儿歌进行表演，手口协调。

2. 模拟对幼儿进行示范讲解

（1）通过动作示范进行讲解，且动作规范便于幼儿模仿；

（2）语言讲解生动浅显、易于理解，能够吸引幼儿兴趣。

3. 请在 10 分钟内完成上述任务

［主要考核目标］表演手指谣基本技能，了解幼儿，教学活动组织能力，表达交

流能力

分析：手指儿歌常常与幼儿手指游戏紧密结合，故而可以根据题目要求将完成任务内容一归为幼儿学习歌谣文学作品活动的表演儿歌（具体展示参见本章第三节），完成任务内容二归为手指游戏，模拟示范讲解游戏玩法（具体展示参见第五章第五节）。

二、常见问题诊断

（1）儿歌文学作品学习活动组织中表演儿歌、模拟组织幼儿学儿歌能力不过关。

（2）表演手指游戏中，节奏感差，手指动作缺乏表现力。动作示范讲解中语言生硬、缺乏儿童语言，吸引力不强。

三、实操建议

（1）加强学习幼儿手指游戏、幼儿歌谣相关实践知识和技能的训练。

（2）加强模拟组织幼儿韵律活动的能力训练。

（3）有幼儿意识，增强师幼互动。

四、岗课证赛衔接

考生需要掌握手指谣活动组织的专业实践知识。

【手指谣教学技能训练三步曲】

第一步：模拟通过各种方法导入，引出主题。

通常由观察法、利用已有经验法、谈话法、提问法、音乐欣赏法、游戏法、舞谱法、角色表演法等方式导入，引出主题。如《手指变变变》中，可以采用模拟向幼儿完整表演手指歌谣，结合有效提问引出主题。

第二步：讲解和示范手指儿歌动作。

采用分解教和整体教结合的方式，先一句一句按照手指动作顺序，放慢速度，用浅显易懂的语言讲解并示范动作，并请幼儿一边轻唱一边模仿动作，最后再整体教一次。

第三步：幼儿角色扮演，强化练习手指动作。

模拟先将幼儿分组、分配角色开始练习手指动作，并轮换角色练习，最后整体练习一次，结束展示。

第五节　看图编儿歌与教师职业能力

看图编儿歌也是幼儿园教师资格面试常见的考试题型和内容之一。根据考题提供的直观形象的儿童画或图片（有时为实物、玩具等），创编一段与图画紧密相关的短小、完整、简洁、具有概括表达手法及语言节奏感的儿歌。要求考生创编儿歌，起名，并以"念（诵）、奏、唱、演"等方式表演，主要考查考生是否具备根据幼儿年龄特点，明确主题、立意浅显、构思新颖、运用各种修辞方法，创编成语言规范、有童趣、押韵、易记上口儿歌的基本能力。

【关键词】看图编儿歌；念儿歌；实践知识

一、真题分析

【题 7-8】

［题目］看图编儿歌 （图略）

［内容］

1. 看图片编儿歌，模拟对幼儿念儿歌

2. 回答问题

［基本要求］

1. 编儿歌，念儿歌

（1）儿歌内容符合图意，歌词朗朗上口；

（2）给儿歌取名，名字要有一定的概括性，符合图意要求；

（3）普通话标准，口齿清楚，语速适中，富有感染力。

2. 回答问题

（1）说说幼儿在看图编儿歌活动中可能遇到的困难；

（2）当幼儿说"老师，我不会编……"你怎么办？

3. 请在 10 分钟内完成上述任务

［主要考核目标］创编儿歌基本技能；了解幼儿；教育机智；表达交流能力

分析：本题是以图片为凭借物，考查考生根据图片画面内容或情境，运用一定的创编儿歌方法，创编与图片画面内容一致的，语言简练、口语化、朗朗上口的儿歌的能力。然后概况命名，并有角色意识，模拟向幼儿有感染力地诵读儿歌。回答问题部分考查考生对儿歌特点和幼儿创编儿歌能力特点的实践知识掌握以及创编儿歌活动中经常发生的如看不懂图意、不能准确表达自己的想法，讲述内容脱离画面，不会用儿歌语句表达等常见问题的解决策略和教育机智。如“不要紧，慢慢来；没关系，你先听听别的小朋友怎么编的；别害怕，你试试，老师会帮你”。帮助幼儿建立信心，完成儿歌的创编工作。

二、常见问题诊断

（1）不能有效观察图片主题、内容、背景及三者之间的关系，缺乏看图创编儿歌的观察技能技巧。

（2）所创儿歌主题内容与图片主题内容相关度低。

（3）不能生动有趣地以“念（诵）”为主要方式表演所创编的儿歌。

（4）对幼儿创编儿歌文学活动的设计、组织等实践知识不熟悉。

三、实操建议

1. 立足平时熟悉各类儿歌特点，学会仿编儿歌，熟记幼儿喜闻乐见的儿歌

2. 应试技能训练重点

（1）准确审题，明确创编方式。

创编儿歌经常凭借物有图片（画）、实物、玩具等直观形象教具，认真审题，明确是根据哪种凭借物创编儿歌。如题 7-8 则属于看图创编儿歌。

（2）分析凭借物内容，按照一定关系和技巧创编儿歌。

以题 7-8 为例，具体创编方法详见下面课证衔接。

四、岗课证赛衔接

考生需要掌握看图创编儿歌的专业实践知识。

看图创编儿歌常用方法

看图创编儿歌一般有两种方式：一种是通过主体和背景的关系创编，另一种是选取画面主体创编儿歌。以题 7-8 为例，选择主题与背景关系创编。从图片内容来看，主要的形象有两位小朋友、一只小狗狗、两只小鸭子、两只青蛙。从背景来看，有房子、有小河、有小树，还有天在下雨。二者结合起来，在小雨天（小雨滴的动作、声音）的自

然中，一个撑伞小女孩和一个小男孩快乐地在小雨中蹦蹦跳跳地玩耍，两只青蛙踩在荷叶上高兴地呱呱叫，两只小鸭子在河里嘎嘎地游来游去，一只小狗狗在小雨中嬉戏地跑来跑去……整体画面表达出开始下雨时，小动物和小朋友欢快、高兴的愉悦氛围。按照画面远近、主次形象特点，灵活运用儿歌特点，结合题目要求，于是创作出儿歌《下雨啦》：

滴答，滴答，下雨啦，小狗说，下吧，下吧，我要洗澡了。

滴答，滴答，下雨啦，鸭子说，下吧，下吧，我要游泳了。

滴答，滴答，下雨啦，青蛙说，下吧，下吧，我要跳舞了。

滴答，滴答，下雨啦，小朋友说，下吧，下吧，我们要游戏了。

如果选择画面主题创编儿歌，从画面分析可以看到，有小朋友、小狗狗、小鸭子、青蛙等，那我们就可以这样进行描述表达：

小花狗，汪汪汪，下雨了，急着跑回家。

小青蛙，呱呱呱，下雨了，张嘴唱着歌。

小鸭子，嘎嘎嘎，下雨了，跟着妈妈去游泳。

小朋友，嘻嘻嘻，下雨了，一起开开心心玩。

其他凭借物创编儿歌的具体方法：

（1）实物编儿歌。例如，实物水果、蔬菜、家电、通信设备、办公用品、学习用品等，可借助物品的形状、颜色、功能等创编儿歌。在开始部分，我们需要概括这个物品的突出特征以及对它的整体感受。比如，在做完介绍后，可以用真可爱、真漂亮等字眼加以形容，我自己是否喜欢，为什么喜欢可以编进去。接着可以介绍这个物品的功能、作用等，如要介绍它长什么样子，它有什么本领。最后可以归纳对此物的情感，或者再次赞美此物等，起到一个上下呼吁的作用。我们要怎么对待它？是不是都要向它学习？如“我们大家都爱它”“我们都要学习它”等。如“小小水笔用处大，能写字来能画画，身穿花衣戴黑帽，我们学习需要它”。

（2）情景编儿歌，是指在参与活动或者创设活动情景后创编儿歌的活动。可以有拟人化的创编和游戏化的创编。下面我们看看针对情景创编如何展开。

在开始部分可以提炼语言进入话题，大致介绍一下情景。接着可以细致描述都有什么，都发生了什么，最后可以自然结尾，也可以总结情景，有所升华。如：

太阳公公当头照，池塘里面真热闹，美丽的荷花开放了，鱼儿乐得直跳高。

蓝蓝的天上白云飘，好像羊儿在吃草，忽然一阵大风吹，吹得羊儿四处跑。

第六节　为儿歌（曲）配插图与教师职业能力

为儿歌或歌曲配插图也是幼儿园教师面试常考的类型和内容，通过试题中的儿歌或歌曲，考查考生按照儿歌或歌曲内容与要求，运用基本简笔画技能创作绘画作品，并掌握利用作品组织开展相应儿歌文学作品活动或幼儿歌唱活动的设计或组织能力。

【关键词】儿歌；歌曲；配插图；绘画；文学作品活动实践知识；歌唱活动组织

一、真题分析

【题 7-9】

［题目］歌曲《长城》（略）

［内容］

1. 为歌曲配插图

2. 回答问题

［基本要求］

1. 为歌曲配插图

符合歌曲意境，造型生动，富有童趣，便于幼儿理解。

2. 回答问题

如何利用配图帮助 5 ～ 6 岁的幼儿学习这首歌？

3. 请在 10 分钟内完成上述任务

［主要考核目标］配插图基本技能，创意；了解幼儿；活动设计能力；语言表达能力

分析：此考题需要完成的展示任务有：一是利用简笔画基本技能，按照歌曲内容创作绘画作品，作品符合歌曲内容，构图合理，富有童趣，有一定创意。二是回答问题，考查考生幼儿歌唱活动组织能力，可利用配画，引导幼儿观察讨论，帮助幼儿理解、记忆歌曲内容；进行绘画活动或动作表演帮助幼儿理解歌曲和表达感情。

【题 7-10】

［题目］《颠倒歌》（略）

［内容］

1. 为儿歌配插图

2. 回答问题

［基本要求］

1. 为儿歌配插图

符合儿歌意境，造型生动，富有童趣，便于幼儿理解。

2. 回答问题

利用儿歌和你的作品，能带领幼儿开展什么活动，请说出两种。

3. 请在10分钟内完成上述任务

［主要考核目标］配插图基本技能；创意；了解幼儿；活动设计能力；语言表达能力

分析：此考题需要完成的展示任务有：一是利用简笔画基本技能，按照歌曲和儿歌内容创作绘画作品，作品符合儿歌或歌曲内容，构图合理，富有童趣，有一定创意。二是回答问题开展活动，如欣赏儿歌和图画，利用图片科学观察认识各种小动物外部特征和生存条件，看图创编儿歌活动，儿歌表演活动等。

二、常见问题诊断

（1）审题不准确，误认为要写活动方案以及模拟组织向幼儿组织活动。

（2）简笔画基本功底较差，绘画作品内容与歌曲或儿歌意境相关度低。

（3）造型简单、呆板，不生动，缺少童趣。

（4）对幼儿歌唱活动组织环节和策略、利用作品开展各领域活动等实践知识掌握不够、理解不够准确。

三、实操建议

（1）自主学习幼儿歌唱活动、幼儿儿歌文学活动组织策略等实践知识。

（2）立足平时，强化儿童简笔画技能基本功练习。

四、岗课证赛衔接

为儿歌（曲）配插图展示，需要考生掌握儿歌基本特点的专业实践知识。

儿歌特点

儿歌是儿童歌谣的简称，是人们根据儿童的思想、心理、感情、想象、趣味、理解力、生活经验、语言特点与表现手法等编唱的口头短句。具有以下艺术特征。

1. 儿歌主题单一，内容简练，形象具体

儿歌是以低幼儿童为主要接受对象的具有民歌风味的简短诗歌，直觉形象思维特点决定了儿歌内容直观形象，用短小内容反映幼儿所接受的社会现实生活，主题单一、集中，表现充分形象，让幼儿一听就能与自己已有的知识和生活经验建立联系，从而理解儿歌所反映的主题。除具备以上特征外，儿歌还必须有趣，能吸引幼儿参与，激励幼儿好学上进。如儿歌《小白兔》：

小白兔，白又白，
两只耳朵竖起来。
爱吃萝卜和青菜，
蹦蹦跳跳真可爱。

2. 声韵自然活泼，句式短小生动

儿歌与其他文艺形式的不同之处在于，它十分讲究节奏和韵脚。这是因为唯有强调音韵之美，强调音乐性，孩子读起来才能朗朗上口，更容易进行记诵。如《雨铃铛》：

沙沙响，沙沙响，春雨洒在房檐上。
房檐上，挂水珠，好像串串小铃铛，
丁零当啷，丁零当啷，它在招呼小燕子，
快快回来盖新房。

这首儿歌的旋律轻快，一韵到底，给孩子一种音乐美的感受。

中国古典儿歌，大多以三、五、七个字为一句，其句法以“齐一式”和“长短式”为多。新文化运动以后的儿歌，出现了“自由式”，句式更为活泼多样。那么这三种句式分别有什么特点呢？

“齐一式”就是整首儿歌，以两个字一句为方式叫“二二式”，以三个字一句为方式叫“三三式”，以四个字一句为方式叫“四四式”，以五个字一句为方式叫“五五式”，以七个字一句为方式叫“七七式”。

“长短式”即整首儿歌，以“三五、五七、三七、三五七”的方式表现出忽长忽短的格式，这样的作品，叫作“长短式”。

“自由式”即整首儿歌，没有固定的字数限制，可以自由地发挥。不管是什么形式，儿歌都短小精悍。如《过山车》为“三三式”：

上天了，入地了，腾云了，驾雾了。过山车，下山了，我变成，流星了。

这首儿歌，句式整齐，全部为三字句，读起来十分流畅自然。

又如《小小手》：

拉拉手，拍拍手，我们都有一双手，
穿衣服，扣纽扣，洗脸刷牙又梳头，
做早操，拍皮球，画画也要用双手，
小小手，小小手，都是我们的好朋友。

这首儿歌前三句就是三三七式，整体就是自由式。内容与幼儿身体、日常生活紧密联系，3～4岁幼儿读起来兴趣浓厚，朗朗上口。

3. 表现手法生动活泼，语言精练、生动、口语化

儿歌体裁广泛，表现手法多样，常用的表现手法有：

（1）比喻。

这种手法是把一事物比作某种有相似点的事物的修辞手法。如儿歌《摇篮》（节选）中：蓝天是摇篮，摇着星宝宝。白云轻轻飘，星宝宝睡着了。

（2）夸张。

就事物某一特征，为了加深印象，特意刻画，把它进行扩大描写的修辞手法。如儿歌《彩虹谣》（节选）中描述彩虹“长到了天上”。

（3）拟人。

用人的思想感情和性格特征来解释自然现象，赋予自然界各种物体以生命。如儿歌《花篮》：

花盆像妈妈，
抱着花娃娃。
娃娃咧着嘴儿笑，
笑开一朵小红花。

（4）反复。

就是用相同的词、词组组成句子，多次重复，以表现强烈的思想感情，增强朗读的效果，有利于幼儿记忆。如儿歌《小雨沙沙》：

小雨点，沙沙沙，落在花园里，花儿乐得张嘴巴。
小雨点，沙沙沙，落在鱼池里，鱼儿乐得摇尾巴。
小雨点，沙沙沙，落在田野里，苗儿乐得向上爬。

儿歌用词每句一般不超过 7 个字，篇幅不能过长，以 4 ～ 12 句为宜，用短小精练的语言表现幼儿生活事件和自然界常识。同时用词富有情趣、口语化，符合幼儿特点，便于学习。

4. 想象奇特幽默，情意俏皮有趣

富有幽默感自然是儿歌的重要内容。如《大老哥打猎》：

大老哥，大老哥，大话一吹一大车：
“我打猎，枪法准，一枪撂一个！”
大老哥，大老哥，哼哧哼哧上山坡；
上山坡，去打猎，子弹带得多。
老哥模样真威武，钻进树林打老虎；
老虎张嘴牙齿长，吓得老哥去打狼；
狼一哼，打狗熊；熊一叫，打山猫；
山猫睡觉打呼噜，吓得老哥打松鼠；
松鼠跳，树叶掉，老哥抱头往家跑，
大老哥，真好笑，去打猎，连根兔毛也没捞到。

这首诗带有强烈的讽喻意味，让幼儿读后会爆发出一阵笑声，笑得开怀，笑得惬意。但从诙谐幽默的笑声中，也让我们悟出了做事要专一的道理。

这就是说，儿歌是针对幼儿创作的口传文学，自然要符合孩子的心理特征，语言要俏皮，富有意趣。如《孙悟空打妖怪》：

唐僧骑马咚那个咚，后面跟着孙悟空。
孙悟空，跑得快，后面跟着猪八戒。
猪八戒，鼻子长，后面跟着沙和尚。
沙和尚，挑着箩，后面来了个老妖婆。
老妖婆，真正坏，骗过唐僧和八戒。
唐僧八戒真糊涂，是人是妖分不出。
分不出，上了当，多亏孙悟空眼睛亮。
眼睛亮，冒金光，高高举起金箍棒。
金箍棒，有力量，妖魔鬼怪消灭光。

这首俏皮有趣的儿歌，孩子们会一边唱，一边乐不自禁，享受歌唱的乐趣。

第七节　本章小结

一、本章模考试题清单（见表 7-1）

表 7-1　全仿真模考训练试题清单

序号	考题类型	题目	内容	基本要求
1	儿童歌曲弹唱	自选小、中、大班常见歌曲，如《小小鸡》	1. 弹唱歌曲 2. 回答问题	1. 弹唱歌曲 ①完整流畅弹奏，节奏准确；②有表情地歌唱，吐字清晰，把准音高 2. 回答问题 ①这首歌曲表达的内容是什么？ ②要注意的教学难点是什么 3. 请在 10 分钟内完成上述任务
2	组织教、学唱歌曲活动	自选小、中、大班常见歌曲，如《蚂蚁搬家》	1. 弹唱歌曲 2. 模拟组织幼儿学唱歌曲	1. 弹唱歌曲 完整流畅弹奏，节奏准确；有表情地歌唱，吐字清晰，把准音高 2. 模拟组织幼儿学唱歌曲 符合幼儿特点，激发兴趣，适合幼儿能力发展水平 3. 请在 10 分钟内完成上述任务
3	儿歌（曲）表演	自选小、中、大班常见儿歌、歌曲，如《夏天在哪里》《两只小鸟》	1. 表演儿歌或歌曲 2. 模拟组织某一年龄段幼儿学儿歌或教歌表演	1. 模拟表演儿歌 普通话标准，语气、语调、动作表情符合角色形象，有感染力 2. 模拟组织幼儿学儿歌或教歌表演：有趣、吸引幼儿参与，有利于幼儿熟悉、理解儿歌 3. 请在 10 分钟内完成上述任务

续表

序号	考题类型	题目	内容	基本要求
4	儿歌手指操	自选小、中、大班常见手指谣，如《握握手》	1. 表演儿歌 2. 模拟对幼儿进行示范讲解	1. 表演儿歌 ①根据图示（略）边念儿歌边做动作：动作要与图示要求基本相符，有一定节奏；②动作能配合儿歌进行表演，手口协调 2. 模拟对幼儿进行示范讲解 ①通过动作示范进行讲解，动作规范便于模仿；②语言讲解生动浅显、易于理解，吸引幼儿参与 3. 请在10分钟内完成上述任务
5	看图编儿歌	自选中、大班看图编儿歌作品	1. 编儿歌，念儿歌，给儿歌起名 2. 回答问题	1. 编儿歌，念儿歌，给儿歌起名 ①儿歌符合图意，语言朗朗上口；②给儿歌取名，名字有一定的概括性，符合图意；③普通话标准，口齿清晰，语言流畅，语速适宜，有感染力 2. 回答问题 说说幼儿看图片编儿歌活动中可能存在哪些困难；幼儿对教师说“我不会编时”，你怎么办 3. 请在10分钟内完成上述任务
6	为儿歌（曲）配插图	自选小、中、大班常见儿歌或歌曲，如《颠倒歌》	1. 为儿歌配插图 2. 回答问题	1. 为儿歌配插图 符合儿歌意境，造型生动，富有童趣，便于幼儿理解 2. 回答问题：利用儿歌和你的作品，能带领幼儿开展什么活动，请说出两种 3. 请在10分钟内完成上述任务
7	其他诗歌	自选小、中、大班常见诗歌，如《小鱼睡在哪里》	1. 模拟对幼儿表演诗歌 2. 模拟组织一个5～6岁幼儿学诗歌活动	1. 模拟表演诗歌 普通话标准，语气、语调、动作、表情符合内容，有感染力 2. 模拟组织教学活动 教学方法得当，吸引幼儿参与 3. 请在10分钟内完成上述任务

续表

序号	考题类型	题目	内容	基本要求
8	朗诵、学散文	自选小、中、大班常见散文，如《我的名字叫冬娃》	1. 模拟对幼儿朗读散文 2. 模拟组织一个5～6岁幼儿学散文活动	1. 模拟朗读散文 普通话标准，语气、语调、动作、表情符合内容，有感染力 2. 模拟组织教学活动 教学语言有利于幼儿熟悉、理解、朗读散文，方法有趣，吸引幼儿参与 3. 请在10分钟内完成上述任务

二、材料准备

（1）模拟清单题目，利用网络搜索、查找书籍或请教幼儿园教师等方式确定，以和平内容为主的幼儿歌曲优先。

（2）常见材料准备：电子琴、钢琴或音乐教室。

（3）单独空教室2间（1间备考室，1间面考室），学习小伙伴2～3人。

三、流程模考

（一）备考室（20分钟）

1. 审题，正确理解题意

快速通读试题，通过找关键动词和整体语境，判断考试内容范围是幼儿歌曲还是儿歌，结合基本要求，明确歌曲考查方式（弹唱、教唱歌曲、教歌表演、学歌曲活动、手指操律动活动等）和儿歌考查方式（表演、学儿歌活动、创编儿歌、为儿歌配插图等）。

2. 备课，言简意赅地设计游戏活动方案，针对性地重点备考

组织教、学唱歌曲或儿歌活动，不需要设计活动方案。结合考试内容和时间，只需在备课纸上将组织活动过程列出简要提纲和关键提示语即可，无须赘述，该内容应在5分钟内完成。其他时间应放在展示练习上。

（二）面考室（20分钟）

（1）考官核对信息无误后，开始结构化问题（5分钟）。

（2）展示环节，稍微停顿调整一下，直接开始展示即可（10 分钟）。

（3）答辩环节（5 分钟）。如果考官无其他问题，此环节忽略，考生切忌将考题纸、备课纸等考试材料带离考场，只带自己准考证、身份证等相关证件离开，面试结束。

第八章 幼儿绘画活动与教师职业能力

【目标导读】

• 了解幼儿绘画面试展示的类型、要求，熟悉常见问题，掌握相关实践知识。

• 掌握幼儿绘画各类型考查技能技巧，运用相应技能技巧和实践知识设计、组织开展绘画等保教活动。

• 激发学习兴趣，树立正确面试观和职业能力观，规范幼儿绘画面试基本礼仪。

【内容导引】

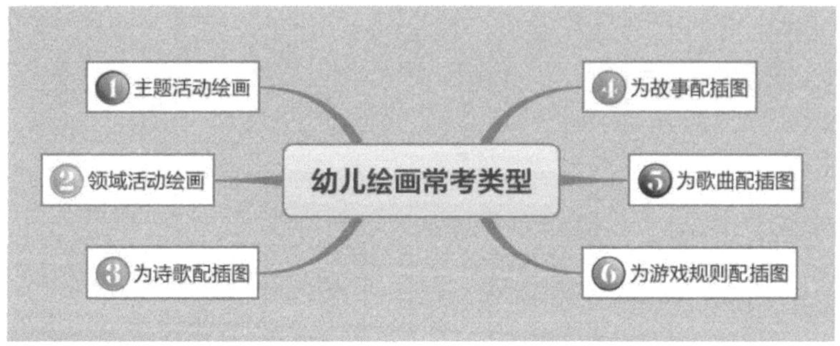

能够根据《幼儿园教育指导纲要（试行）》《3～6岁儿童学习与发展指南》的要求，以及幼儿的兴趣需要和年龄特点，选择教育内容，确定活动目标，设计、组织、评价教育活动是《学前教师职业能力标准（试行）》中重要的实践能力。主题活动绘画、领域活动绘画、为诗歌配插图等是幼儿园教师资格面试考查应考者教师职业能力的主要内容。

第一节 主题活动绘画与教师职业能力

主题活动绘画是幼儿园教师资格面试中常见的一种考试形式和内容，即紧密围绕某一主题活动，现场绘画反映所设主题活动的某一个具体的活动情境。通过试题中具体的活动题目，要求考生现场绘画活动情境，以配合相关主题活动的开展。主要考查考生正确使用油画棒、蜡笔、水彩笔、彩铅等绘画工具，灵活运用线条、形状、明暗、色彩、构图等绘画形式语言，根据要求的主题活动题材内容，在规定时间内创作具有童趣、符合幼儿认知特点和一定创意造型作品的绘画能力。回答问题主要是考查考生对幼儿绘画活动与主题活动实践知识统合与应用的活动设计能力。

【关键词】绘画工具；绘画形式语言；绘画题材；实践知识

一、真题分析

【题 8-1】

［题目］《全家一起看电视》

［内容］

1. 现场绘画《全家一起看电视》

2. 回答问题

［基本要求］

1. 现场绘画《全家一起看电视》

（1）根据活动的需要进行绘画；

（2）作品有童趣，幼儿能理解，有一定创意。

2. 回答问题

如何利用你的作品引导幼儿开展“我爱我家”的主题活动？

3. 请在 10 分钟内完成上述任务

［主要考核目标］绘画技能；思维想象；活动设计能力；语言表达能力

分析：本题主要考查考生正确利用现场提供的绘画工具如彩铅、油画棒、彩笔（考生可选择自己擅长或喜欢的绘画工具，也可将考试实际和工具特点结合，优先选择油画棒），围绕“我爱我家”主题活动，运用线条、形状、色彩和构图等绘画形式语言，创作“全家一起看电视”绘画题材情境内容，完成主题突出、构图合理、富有童趣和一定创意作品的基本绘画能力。回答问题考查考生幼儿美术活动与主题活动实践知识统合与运用的活动设计能力，如可以让幼儿看图说一说“我最喜欢的动画片”，分享和全家人一起看电视的情景；绘画活动，让幼儿画一画和全家一起看电视的情景，然后看图分享全家一起看电视的快乐；谈话活动可以从“我和爸爸做游戏”等方面展开回答。

二、常见问题诊断

（1）绘画表现形式以简笔画居多，但简笔画基本功底不过关。

（2）绘画作品内容与题目要求的题材内容不一致，匹配度低，缺乏童趣。

（3）幼儿美术活动与主题活动统整实践知识欠缺，运用能力较低。

（4）绘画结束时，缺乏整理绘画工具的良好习惯。

三、实操建议

1. 自主学习幼儿绘画、幼儿绘画能力发展特征、幼儿绘画活动、与主题活动相关实践知识

2. 应试技能训练重点

（1）以彩笔画为主，熟练掌握使用油画棒、蜡笔、水彩笔、彩铅等绘画工具和素描纸、铅画纸、A4 纸等绘画材料进行绘画的正确方法。

（2）强化灵活、多样地运用各种绘画形式语言进行绘画的基本能力。

（3）学会不同类型幼儿绘画题材的绘画创作。

幼儿绘画题材十分广泛，但都和幼儿生活与学习息息相关。需要学会利用自然景物、人物、日常用品、动植物、交通工具、建筑物、生活事件或情境以及想象中的人、事、物等绘画题材创作。

（4）养成良好的绘画习惯。

四、岗课证赛衔接

考生需要掌握绘画基本技能和主题活动实践知识。

绘画基本技能训练

1. 掌握线条的表现力

线条是造型的基本要素之一，是幼儿最简单最直接表现自我的一种绘画语言，也是幼儿教师必须掌握和运用的最基本绘画形式语言。了解线条基本形态并体悟其艺术表现力，如直线象征着力量、稳定、刚强，但使用过多会使画面显得僵硬；曲线象征优美、灵动、柔和，但过分使用显得柔弱、不平衡；垂直线象征着严肃、庄重、和平与希望；水平线给人以平稳、缓慢运动的感觉；倾斜线表示兴奋、迅速、剧烈运动、不稳定等。

同时，能够利用线条长度、方向和质感、组合等方面的变化进行美术创作。

2. 掌握形状的表达

形状，是线条构成的轮廓和结构，是形成画面形象的基础。需要掌握和表达好以下三个方面。一是掌握好圆形、方形、三角形、菱形等基本规则几何形状的表达。二是弧线、曲线、波浪线等组成的不规则形状物体的表达。三是各种形状组合的复杂组合形状的表达。

3. 掌握色彩的运用

色彩是绘画的基本要素之一，一般分为再现性色彩和表现性色彩。再现性色彩又称写实性色彩，主要是再现客体对象的色彩关系，给人呈现一种真实的视觉感受。表现性色彩则从创作者主观意图出发，主观进行色彩搭配，为表达情绪情感提供最直接有效的方式。所以掌握好色彩运用，是绘画作品的关键之处。主要包括：色彩的色相、明度、彩度的辨认；学会运用色彩主要涉及的随类赋彩、主体色与背景色关系处理、色彩装饰和色彩情感表现等。其中，随类赋彩即根据物体固有色彩着色，就是知道并能辨认出物体固有色，并为此着色。主体色与背景色关系处理即画面形象颜色与画面底色之间的关系，可通过尝试深浅、冷暖等色彩对比、渐变、重复、过渡等方法来表现。色彩装饰就是画面上各种色彩的面积、位置以及与形状之间的协调。学会有层次、有主调的配置同种色、类似色、对比色等变化实现色彩装饰作用。色彩情感表现，根据绘画者创作需要构成画面色彩，表现出快乐、幸福、悲伤、难过等基本情绪。

4. 掌握画面、布局绘画形象的构图基本技巧

构图是对画面中表现的形象与形象、形象与整体之间的关系进行安排，形成特定位置关系，它是反映绘画主题和表达绘画者思想感情的主要手段之一。因此，要掌握好单独构图，或按照空间关系、画面主次关系、形象间关系等排列形象构图，或画面中心点两边视觉形象重量感一致的均衡构图。

第二节　领域活动绘画与教师职业能力

为五大领域某一具体领域活动绘画或配图示，以配合完成相应活动是命题绘画在面试中第二种常考的形式和内容。考查考生根据命题题材要求创作绘画作品的基本能力，

回答问题重点考查考生理解和运用幼儿美术活动与幼儿园五大领域活动实践知识统合与运用的活动设计能力。

【关键词】领域活动绘画；统合；实践知识

一、真题分析

【题 8-2】

［题目］《三角形的世界》

［内容］

1. 用三角形组合绘画

2. 回答问题

［基本要求］

1. 用三角形组合方式绘画 3 种事物

（1）能反映事物的主要特点；

（2）作品有童趣，幼儿能理解，有一定的创意。

2. 回答问题

（1）如何把你的作品运用到幼儿游戏和教学活动中？

（2）方法符合幼儿年龄特点，有操作性，讲述思路清晰，表达准确。

3. 请在 10 分钟内完成上述任务

［主要考核目标］绘画技能；思维想象；活动设计能力；语言表达能力

【题 8-3】

［题目］《种子的成长》

［内容］

1. 以绘画配合种植活动

2. 回答问题

［基本要求］

1. 以绘画配合种植活动

（1）图示能反映种子成长的主要过程和特点；

（2）作品有童趣，幼儿能理解，有一定的创意。

2. 回答问题

如何利用你的作品引导幼儿观察、了解植物的生长过程？

3. 请在 10 分钟内完成上述任务

［主要考核目标］绘画技能；创意；活动设计能力；语言表达能力

【题 8-4】

［题目］《我爱喝水》墙饰

［内容］

1. 现场绘制《我爱喝水》的墙饰作品，以绘画配合展开《我爱喝水》的相关活动

2. 回答问题

［基本要求］

1. 现场绘制《我爱喝水》的墙饰作品

（1）符合《我爱喝水》意境；

（2）作品有童趣，幼儿能理解，有一定的创意。

2. 回答问题

如何利用你的墙饰作品引导幼儿养成爱喝水的习惯？

3. 请在 10 分钟内完成上述任务

［主要考核目标］绘画技能；创意；活动设计能力；语言表达能力

分析：题 8-2《三角形的世界》和题 8-3《种子的成长》是绘画作品与科学领域中数学认知和科学探究的统整，考查考生利用绘画基本技能，用三角形组合或按照种子成长过程和特点绘画适合幼儿认知特点及经验水平的事物造型或成长图示，并能将作品运用到数学认知或科学探究活动中的基本组织或指导能力。题 8-4《我爱喝水》墙饰是利用绘画创设适合幼儿健康领域活动需要、促进幼儿发展的墙饰环境，重点考查考生将绘画基本技能运用到健康领域活动进行墙饰环境创设和利用的能力；作品主题突出，构图合理，富有童趣，有一定创意。回答问题考查考生理解和运用幼儿美术活动与幼儿园五大领域活动实践知识统合与运用的活动设计能力。如题 8-2，利用作品，引导幼儿仔细观察事物主要特征，由几个三角形组成，让幼儿说一说三角形基本特点，讨论生活中哪些事物是由三角形组成的；让幼儿画一画三角形或利用三角形数量，表演数字宝宝的游戏活动。题 8-3 中可利用作品，引导幼儿有序地观察种子成长阶段和每个阶段的主要特征；做头饰，展开情景角色扮演，让幼儿扮演种子，表演体验种子成长变化的过程。题

8-4 中让幼儿观察作品，讨论如何养成爱喝水的好习惯；利用墙饰，创设“我爱喝水”的区角活动。

二、常见问题诊断

（1）利用现场绘画工具和材料进行绘画的技能达不到基本要求。

（2）绘画作品内容与活动主题匹配度低。

（3）绘画作品缺乏童趣，与幼儿认知特点、经验水平符合度低。

（4）缺乏绘画作品与五大领域活动统整的实践知识和能力。

三、实操建议

（1）自主加强绘画基本功学习与训练。

（2）熟练掌握五大领域活动组织与指导策略，特别是利用绘画作品（墙饰），组织指导具体领域活动的策略方法，形成相应组织与指导能力。

四、岗课证赛衔接

考生需要掌握幼儿绘画活动组织与指导的专业实践知识和能力。

幼儿绘画活动组织与指导策略

绘画在幼儿美术教育中占有重要地位，美术的造型、构图、设色等一些基本要素涉及幼儿绘画活动及其指导。考生要熟练掌握美术基本要素的指导方法，灵活运用于幼儿绘画活动的组织与指导。

（一）对造型的指导

造型能力是实现幼儿绘画创作的关键能力。对于此部分内容幼儿不需要很高的造型技巧，只要能进行创作即可，而且在创作的过程中，他们的造型能力会随之提高。可在幼儿创作过程中对他们进行如下指导。

1. 引导幼儿观察，理解物体的形体结构

幼儿绘画创作中的形象来自视觉经验，因此，对事物外形特征的观察是造型的必要条件。幼儿由于感知能力的不足，在绘画活动中需要加以引导，使他们知觉到创作所需的重要信息。

不同年龄段的幼儿，创作所需的信息不同，观察的要求也不同。对于小班幼儿，只要求他们在教师的引导下观察物体的大致轮廓外形，形成一个基本视觉印象即可；对于中班幼儿，不仅要求他们观察物体的整体轮廓，还要求他们观察物体的基本组成部分及其形状、大小、结构、颜色等；对于大班幼儿，则要求他们能比较全面、细致地观察物体的形状、大小、结构、颜色以及物体的动态与相互关系。

为了让幼儿获取到有用的信息，在具体观察过程中，可以采用对比特征、形象比喻、几何图形概括等方法来帮助他们抓住物体的突出特征，掌握住大象的鼻子长、腿粗，兔子的耳朵长、尾巴短，狐狸的嘴巴尖、尾巴像扫帚等特征的概括与比喻。

很多时候，幼儿观察、感知物体之后，在面对画纸时，还是不知怎样下笔，根本原因是在他们头脑中虽有了事物的表象，但还没有在头脑中把事物表象以美术媒介的式样进行构图，加以再现。针对这种情况，应采取一些方法进行引导。

在让幼儿观察、感知之后可以不让他们马上进行创作，而是从有感觉开始渐进导入创作，其过程如下。

（1）在观察时，指导幼儿边观察物体边用手轻轻抚摸它。如果是无法抚摸的物体，则可以将手伸出，随着视线做想象的抚摸。

（2）带领幼儿以身体动作姿态模仿物体。如果物体是静态的，就以身体姿态表示物体的特征，如高高的杨树可以将身体做向上伸展的动作；一扇小小的门可以以身体收缩来进行展示。

（3）引导幼儿用语言描述物体的形状。如他们可能会说：“大象有一个大大的身体，四条腿粗得好像四根大柱子。大象的皮肤很粗糙，上面有一道一道的皱纹。大象的耳朵又大又扁，好像两把大蒲扇。”

（4）引导幼儿用手在画纸上空书物体的样子。空书的动作不可马虎，先从轮廓开始，待有了大致形象之后，再深入细节，让形象一点一点清晰起来。

（5）通过图形拼摆引导幼儿进入创作。图形的拼摆有多种，常用的有三种：第一种是用纸撕出物体各个部分的形状，然后在画纸上拼摆组成，达到要求后，将纸形粘好。第二种是使用黏泥做出物体各部分的形状，同样，在纸上拼摆组合，由于黏泥可以反复塑造，在拼摆的过程中，幼儿可以再次改变黏泥的形状，所以捏失败了也没关系，可以重新开始，黏泥拼摆也不失为一个好办法。第三种是利用废纸盒、纸筒等现成的形体建造，由于形状是现成的，幼儿所做的只是选择使用哪种形状，这就降低了造型的难度。

在选择时，幼儿需要发现所要再现的物体与材料形状之间的同一性，这也十分有利于他们对物体形状的概括，同时由于造型过程的简化，可以使他们更集中注意于显现形象的整体关系。以上三种方法，既是帮助幼儿实现再现的过渡手段，也可以帮助他们画出独特的作品。

（6）引导幼儿用不同的媒介进行表现创作。经过以上步骤的引导，幼儿对于物体的形体结构与造型的关系已充分把握，稍加指点就可以运用多种媒介加以表现。

以上方法可以针对幼儿造型能力的弱点和造型需要，有选择性地组合运用，不需要在一次创作中用遍所有方法。

2. 通过系列活动掌握物体造型

系列活动可以帮助幼儿从一个事物丰富的样式中掌握它的一般造型特点，例如，几何形式建筑物和交通工具的造型特点，可以让他们通过“建筑艺术欣赏”“我们的幼儿园”“我的家”“天安门”“住宅小区”“未来房子”等系列活动掌握建筑物的造型。解决好造型的问题，他们在创作中就能够游刃有余了，不会因为不能描述某个形象而使创作搁置。

（二）对构图的指导

构图设计是根据主题内容的需要把有关的物体形象恰当地安排在画面上，表现事件情节、环境气氛等。为了使幼儿的画面有序、生动、能把自己的意图通过构图传达出来，幼儿园教师需要在幼儿进行创作和欣赏的过程中对其进行指导。

1. 观察物体的空间关系

观察现实的空间时，引导幼儿认识物体之间的相对大小、高矮、上下、邻近、分离，可以进一步加上认识物体内外、前后、远近等空间关系。

2. 通过欣赏示范作品学习构图

在欣赏示范作品时，可以引导幼儿分析画面上形象相互之间的关系，看看画面是如何处理这些关系的，包括主要形象与次要形象的位置、大小关系，主体与背景的关系，形象与背景的颜色关系等。在分析的过程中，还能让幼儿体会、理解到作者处理画面的意图。

3. 巧妙安排画面

传达人物之间的关系和事件情节是幼儿绘画构图的主要目的。为了将这两项内容表达清楚，应向幼儿传授一些简单的构图方法，例如，先在画面上设定一个中心将主要形象放在中心位置上，其他物体围绕主要形象安排。把主要形象放大，突出重点、细致描绘，使其明显突出；其他形象概括处理，使整幅画成为紧密联系的整体。

（三）对色彩运用的指导

幼儿运用色彩的方法有两种，即涂染法和线描法。

涂染法是指不勾画形象的轮廓线，直接用笔蘸颜料涂画出形象。运用这种画法能够很快在画面上画出有颜色的图形，因而能吸引幼儿对绘画活动的兴趣。

线描法是指先用线条勾画出形象的轮廓，然后再涂上相应的颜色。这种画法简练、概括，能清晰表现物体的特征。

一般地，在指导幼儿用色上，不必要求幼儿使用固有色描绘物体，只需要求他们描绘事物时对颜色有所区别就可以了。要做到有区别，就不能仅使用一种颜色，要能识别色相，也就是区别赤、橙、黄、绿、青、蓝、紫；对不同物体要使用不同的颜色来画，大胆地使用色彩，这样就能画出很漂亮的图画。可以进一步增加对深浅颜色的区别，突出层次感。

除了将不同事物用不同的颜色来画以外，考虑到构图的需要，还应引导幼儿运用色彩区别主次。主要方法有两种：一种是幼儿最常用的，即把主体形象画得色彩丰富，将背景用单一的色彩来画；另一种是利用色彩的对比，如在蓝色和绿色的背景上画出红色、黄色的形象，在浅颜色的背景上画出深颜色的物体，在深颜色的背景上画出浅颜色的物体等。

处于幼儿期末的一些幼儿会萌发出表现事物客观属性的愿望，即一些幼儿有了再现物体固有色的想法。常常选取色彩优美的事物、景物，抓住其色彩的美感特点、动人之处进行描绘。如四季景色，春季，一片新绿，生机盎然；夏季，姹紫嫣红，郁郁葱葱；秋季，色彩交融，浓郁厚重；冬季，冰雪世界，洁白无垠。让他们在一种颜色意境的指导下再现事物和景色。

在幼儿稍长时，还有另一个色彩运用的问题是，怎样用色彩表达情感。可以尝试探索运用简单的色彩配合的规律表现情感，提示他们想要画出过瘾、痛快的感觉，可以用反差明显的颜色来画。要想表现轻轻的、柔柔的感觉，就用那些反差不大的颜色画，这样孩子可以实践运用对比和协调的手法传达感情。

需要注意的是，在以近似色表现细腻的情感时，需要给幼儿提供各种各样颜色的画笔，若是能够配备可调配的颜料更好。在运用可调配的颜料时，颜料的混合效果可以使幼儿获得更丰富的颜色感受。

第三节　为诗歌配插图与教师职业能力

为儿童诗、儿童散文、儿歌、浅显古诗等诗歌配插图也是绘画在幼儿园教师资格面试中的常见类型和内容。考查考生根据试题中诗歌主题内容和基本要求，在规定时间内利用绘画基本技能进行创作的能力。回答问题考查考生掌握利用诗歌绘画作品开展保教活动的陈述性实践知识。

【关键词】诗歌；配插图；陈述性实践知识

一、真题分析

【题 8-5】

［题目］诗歌《春天在哪里》（略）

［内容］

1. 为诗歌配插图

2. 回答问题

［基本要求］

1. 为诗歌配插图

（1）符合诗歌意境；

（2）造型生动，富有童趣，便于幼儿理解。

2. 回答问题

利用诗歌和你的作品，能带领 4 ～ 5 岁的幼儿开展什么活动？

3. 请在 10 分钟内完成上述任务

［主要考核目标］绘画技能；创意；了解幼儿；活动设计能力；语言表达能力

分析：本题考查考生学会分析诗歌作品，并能根据诗歌意境，利用绘画工具和材料进行绘画创作的基本能力，构图合理，内容符合诗歌意境，造型生动，富有童趣，便于幼儿理解。回答问题部分考查考生对诗歌和绘画作品开展诗歌文学活动陈述性实践知识的理解和应用的活动设计能力。如利用诗歌和作品，可以组织幼儿开展看图学习诗歌、引导幼儿观察图画等活动，说一说春天季节特性，感受春天的韵味；到户外寻找春天，将找到的春天续编成诗歌；让幼儿画一画诗歌，将作品和幼儿的绘画布置成主题墙；诗歌表演等文学活动。

二、常见问题诊断

（1）绘画技能达不到基本要求。

（2）诗歌分析能力欠缺，绘画作品与诗歌意境匹配度低。

（3）利用绘画作品组织开展诗歌文学作品活动的实践知识掌握不够。

三、实操建议

（1）自主加强绘画基本技能学习和练习。

（2）加强分析儿童诗、儿童散文、儿歌、浅显古诗等诗歌文学作品能力的练习。

（3）自主学习掌握诗歌文学作品活动的实践知识。

四、岗课证赛衔接

考生需要掌握幼儿绘画能力发展特征的专业实践知识。

（一）3 岁幼儿绘画能力发展特征

3 岁左右，幼儿思维进入象征期，开始产生表现的意图，能用所掌握的极简单的图形和线条将事物的特征表现出来。如用常见的圆 + 放射线的形状，在有的作品中代表红彤彤的太阳，有的则是一盏吊灯，有的甚至是一棵树、一间有人住的房子……这时，成人仅凭作品难以确定幼儿画的是什么，但幼儿已能明确地说出他所画的东西。在这一阶段，可以观察到一种现象，即幼儿在画画时，边画边自言自语，饶有兴味地讲述他画的东西。

这一时期，幼儿绘画的水平是不稳定的，会出现时好时坏的情况。有时在一幅作品中，有些形象画得很复杂，而另一些形象却又十分简单；还有时，前一阶段已能画得较丰满，忽而，又退回到老样子，画中的形象变得很单调。这种不均衡与不稳定现象不是幼儿在退步或故意不好好做，而是因为他们正处于尝试探索之中，在这期间幼儿能力发生变化是必然的。

象征期，幼儿绘画特点有以下几个方面。

1. 构思方面

构思意图不强，绘画形象易变，不稳定是其主要特点，主要表现在：

（1）动笔后构思。

幼儿常常涂着涂着，突然发现自己涂画的动作痕迹与某物的外形相似，就会将绘画重心转移到这一物体上。比如，他们涂着涂着，突然觉着涂出来的东西很像气球，于是便想转为画气球。又涂着涂着，觉得它很像小人，于是又将内心的想法改成了画小人。这表明他们开始并不是很有意识、有目的地想好要画什么，然后下笔画，而是由某些动作、痕迹刺激、触发引起表象，才决定画什么，形成动笔后构思。这说明这一阶段的幼儿对于造型的目的性还不是很强。

（2）事先构思和随意涂画穿插。

事先构思和随意涂画穿插有两种情况：一种情况是不同张的画上，有些画是幼儿事先想好了画的，有些则是随便涂画的。另一种情况是在同一张画上，有的东西是他们事先想好画的，有些却是随意涂抹的。在遇到这种情况时，教师或家长有时会觉得孩子是不好好画，或是又退步了，实则不然，这是这一时期幼儿构思不稳定的表现，属于正常现象。

（3）绘画内容转移。

绘画内容转移的表现是幼儿画着画着某样东西，突然就停止不画了。如画飞机，画了一架就不画了，转而画太阳，造成画面的不连贯。这种现象是由于幼儿只进行了局部构思，而未能进行全面完整的构思所造成的。

（4）形象含义不定。

幼儿画出的形象含义经常是不稳定的。他们往往在画好的形象上再加上几笔就说成是别的东西。如开始时画小人，后来在头部——大圆圈上加上小圆圈、小点点，就说成是大树，一方面是由于他们动用的形状比较简单，可塑造性强，容易变异，形状的组合稍一变动就可以构成新的形象；另一方面是因为他们构思不够稳固，不能事先完整构思的结果。

（5）易受他人影响。

幼儿画什么，受他人影响比较大。有的孩子本来想画小花，看到别的小朋友在画汽车，他也画汽车，但汽车刚画几笔，听见另一个小朋友说：“我画太阳。”他也说：

“我画太阳。”经常有这种现象，邻座的几个小朋友画的画都很相像，另外，教师的提问和提示、其他小朋友的回答对其构思的发展都有一定影响。

2. 造型方面

幼儿把自己生活经验中获得的表象反映在纸上，所能使用的形状有限，只能够用简单的图形和线条表现某一具体事物的基本特征，图形和具体事物之间在形态或形状上有相似之处，造型表现为概念化的简略图形，反映出幼儿简单天真的感官逻辑，画中表现出夸张、变形、简化、省略的特点。换而言之，所画形象常常只具备物体的基本部分，且多半是粗略的、不完全的，会遗漏部分特征或细节。所以，当部分脱离整体时，其画面就无法辨认，部分就失去了它的意义。如椭圆代表蜘蛛的身体，线条则是蜘蛛的腿，但当椭圆与线条分离时，椭圆和线条都将失去其所表示的意义。

3. 构图方面

构图上，由于这个阶段的幼儿没有明确的空间概念，他们并不关心位置和大小的视觉描述，只关心感官逻辑表达，构图具有随意性，还未超越自我的空间关系概念。在一幅画中，以多于一个视点表现物体的展开而构图。即画面上表现许多形象，这些形象之间没有位置与大小联系，与地面也无关系，各自独立，开始画的物体经常飘浮在半空中。

4. 情节方面

情节上，象征期幼儿作品初期表现不出人物或动物的活动，画面上都是一些独立个体，且无明显动作变化。随着幼儿社交能力和绘画能力发展，作品中经常会出现独自活动的人物或动物，但画面主体与主体之间仍不能产生一些联系。

5. 色彩方面

色彩上，较之于涂鸦期，幼儿对色彩认识程度明显提高，能识别红色、绿色、蓝色、黄色等亮丽的颜色，他们对纯度高、明度高的颜色更感兴趣，并开始把自己认识的颜色和自己喜欢的颜色到处运用，在绘画时出现“花哨涂染”的现象。这说明了象征期幼儿色彩的使用是没有再现或表现的意图，主要是出于兴趣，满足个人的主观美感愿望。涂色表现经历了不均匀、无顺序、画面涂不满，甚至涂到轮廓线以外，到后期能用方向一致的线条较为均匀地涂颜色的发展过程。

总之，在象征期，幼儿开始尝试用他们涂鸦时掌握的图形表现自己的经验，其表现动机和信心都很脆弱，对成人的反应也很敏感。如果这一时期尝试比较成功，他们将树立起艺术表现的信心，这对他们进入下一阶段至关重要。因此，我们切忌以看成人作品的习惯眼光去看待幼儿的作品，更不要挑剔他们画中那些不符合日常习惯的地方，而应多给他们以鼓励和支持，使他们树立起用美术这一新的媒介进行表达的信心。

（二）4 岁幼儿绘画能力发展特征

直到 4 岁左右，幼儿思维逐渐进入形象期，他们开始有意识地用所掌握的图形和线条表现自己的经验和愿望。在整个形象期，幼儿绘画有了极大的进步与发展。这一时期的特点是幼儿已具有初步的绘画构思，能有目的、有意识地进行绘画，画出的内容也更加形象、生动；同时，他们对物体形象在颜色方面的表现和相互关系的处理也开始有明显的发展。形象期幼儿绘画在构思、造型、构图、情节、色彩方面的发展具体体现在以下方面。

1. 构思方面

构思是创作中幼儿对绘画整体的思考活动，包括对表现的主题内容、形式方法的思考。前期，幼儿绘画发展经历了一个没有构思、在画的过程中构思和事先构思的过程。涂鸦期属于没有构思的阶段；象征期的学前儿童边画边构思，属于在绘画的过程中构思的阶段；到了形象期，他们进入事先构思阶段。在这一过程中，幼儿绘画构思的内容也向着从简单到复杂，从零散到有内在联系的方向发展。下面，了解一下幼儿进入形象期以后构思方面的发展特点。

（1）幼儿期初期后段（小班第二学期）。

幼儿期初期后段也就是小班第二学期，幼儿绘画能力基本进入形象期。经过前期多次绘画练习，不少幼儿在动手绘画之前不仅能有一个简单的构思，而且在绘画过程中能坚持设想的内容不变，像第一学期那样边涂边想，随想随改的现象大大减少。

（2）幼儿期中期（中班）。

幼儿期中期大致相当于中班时期，此时，幼儿构思的稳定性进一步增强，能够做到在整个绘画过程中较少地受他人及环境影响，有始有终地将画画完。

（3）幼儿期末期（中班末期和大班）。

一般到中班末期和大班时期，幼儿绘画的构思就比较稳定了，能在动手之前想好要画的主题，然后按照主题去画或做。比如，一个 5 岁的孩子在绘画之前告诉老师他要画什么，而且他会按照他所构思的形象完成绘画。画完后，能清楚完整地讲出他的想法和他画的每一样东西，以及为什么要这样画。

★考生运用上述特点组织幼儿绘画活动。

2. 造型方面

造型是指以何种方式构成画面中的每一形象。一般地，幼儿绘画造型经历了一个由无区别到有区别的发展过程。这一发展体现在构成形象的形状发展变化，形状在表现物体深度关系上的变化以及由于以上变化带来的形象发展。

幼儿绘画中最早出现的形状都是圆形，直到 4 岁，幼儿才开始学会把正方形、长方形、椭圆形、三角形等都用一条封闭的曲线来表示，在这之前，幼儿一直用圆形描绘身边的一切事物，无论是人，还是汽车、房子，甚至是锯齿。

在幼儿学会用圆形描绘物体之后的第二步，便是把许多圆结合成同心圆的形式。开始时幼儿把两个大小不同的圆套在一起，代表一只内有孔的眼睛、耳朵，或者一个向前看的头。然后用它来代表一个有人住的房子或是一节载人的车厢，再就是食物装在盘子里或是身体裹在衣服里等。但是同心圆的形式不能明确表示出两个物体在形状和朝向上的差异。

再往后幼儿的作品中又出现放射的式样，就是从圆形或同心圆上放射出线条，这种放射的式样又可以用来表示不同的事物。从整体来看，这一时期幼儿绘画造型表现出拟人化、夸张式、透明式和装饰性等特点。

（1）拟人化。幼儿把一切事物都看成和人一样是有生命、有意识、活的东西。如站立的动物、长着四肢的大树等。

（2）夸张式。幼儿常常不自觉地把外界给自己强烈感受的事物、自己关心的事物和认为重要的事物用夸张的手法加以表现，画得很大、很突出、很仔细，以说明其重要性。而对事物整体或其他未注意到的细节，往往会忽视或遗漏。

（3）透明式。幼儿绘画时，认为凡是存在的东西必须画出来，虽然事与物是重叠的，但画面上还是互不遮挡。如杯子中的牙刷清晰可见，从屋外可以看到屋内的一切，如果包中是幼儿感兴趣的零食或玩具，幼儿一定会一一画出来，怀孕阿姨的肚子里安静地躺着一个小宝宝……这种透明式的画法也被称之为“X 光画”。这是幼儿直觉特点的自然表现，并不是学来或臆造的。

（4）装饰性。随着对图形、符号的掌握逐渐增多，在表现事物细节方面，幼儿多喜欢用图形、线条、色彩等在画面上进行装饰。如我们经常看到幼儿画画时画面上会出现数字、字母和各种图形等。

这一时期幼儿运用形状的发展顺序大致如下：

①简单形状结合的形象：

a. 圆加数条方向不同的直线；

b. 同心圆加数条方向不同的直线；

c. 圆与圆的结合；

d. 方形加上各形；

e. 长方形加上各形；

f. 三角形加上各形；

g. 不规则形加上各形。

★考生可以利用简笔画强化练习上述形状组成的常见动物、人物、建筑物等造型学习。

②局部有融合痕迹的形象。

③完整轮廓的形象。

3. 构图方面

构图上，幼儿表现为多样化的空间，如散点式构图、多层并列式构图、俯视与展开式构图等。

（1）散点式构图。幼儿受空间知觉限制，不能以合理的透视观念进行画面表现，所以在画中表现为多点、散点的透视结构。

（2）多层并列式构图。“基底线”的产生，表明幼儿已经有了空间概念，在绘画中幼儿想法多、要表现的内容丰富。当他们发现一条地平线不足以清晰表达他们的想法时，就会将想要表现的内容一一陈列出来，出现多层并列式构图。

（3）俯视与展开式构图。幼儿受自我中心意识作用，在表现画面空间上有许多样式，俯视与展开的方法便于表现物体互不遮挡，把画面中的人或物由中心向四周展开。

4. 情节方面

在作品画面中，形象表现为在独自活动基础上，出现共同活动即若干主要形象同时进行一项活动。虽然形象动作略有不同，但都是为了完成同一活动，形成绘画中所表现的主题。

5. 色彩方面

该阶段中，幼儿开始萌发表现事物客观颜色的愿望，即再现物体固有本色的想法。同时，具有比较强烈的色彩情感体验，容易发生色彩联想。如用理解的颜色表达自己的主观情感，用红色表现生气的脸，用暖色系表示喜悦和甜味，用多彩表达春天的生机等。幼儿的色彩知觉特征和个性气质特征在绚烂的色彩中得以体现。

第四节　本章小结

一、本章模考试题清单（见表 8-1）

表 8-1　幼儿绘画全仿真模考训练试题清单

序号	考题类型	题目	内容	基本要求
1	主题活动绘画	自选小、中、大班主题绘画活动，如主题绘画《我的爸爸本领大》	1. 现场绘画 2. 回答问题	1. 现场绘画《全家一起看电视》 ①根据活动的需要进行绘画； ②作品有童趣，幼儿能理解，有一定创意 2. 回答问题 如何利用你的作品引导幼儿开展“我爱我家”的主题活动 3. 请在 10 分钟内完成上述任务
2	领域活动绘画	自选小、中、大班领域绘画活动，如《蝴蝶的一生》图示	1. 现场绘画 2. 回答问题	1. 绘画《蝴蝶的一生》图示配合开展认识蝴蝶的活动 ①能反映事物的主要特点； ②作品有童趣，幼儿能理解，有一定的创意 2. 回答问题 如何利用你的作品配合开展了解蝴蝶的生长过程 3. 请在 10 分钟内完成上述任务
3	为诗歌（儿歌）配插图	自选小、中、大班诗歌，如《片片飞来像蝴蝶》	1. 为诗歌配插图 2. 回答问题	1. 为诗歌配插图 ①符合诗歌意境； ②造型生动，富有童趣，便于幼儿理解 2. 回答问题 利用诗歌和你的作品，能带领 3 ～ 4 岁的幼儿开展什么活动 3. 请在 10 分钟内完成上述任务

续表

序号	考题类型	题目	内容	基本要求
4	为故事配插图	自选小、中、大班幼儿故事，如《小青蛙的礼物》	1. 为故事配插图 2. 回答问题	1. 为故事配插图 符合故事内容，造型生动，富有童趣，便于幼儿理解 2. 回答问题 利用你的作品可以带领 4 ～ 5 岁幼儿开展什么活动 3. 请在 10 分钟内完成上述任务
5	为歌曲配插图	自选小、中、大班幼儿歌曲，如《长城》	1. 为歌曲配插图 2. 回答问题	1. 为歌曲配插图 符合歌曲意境，造型生动，富有童趣，便于幼儿理解 2. 回答问题 如何利用配画帮助 5 ～ 6 岁幼儿学习这首歌 3. 请在 10 分钟内完成上述任务
6	为游戏规则配插图	自选小、中、大班规则游戏，如体育游戏“两人三足”	1. 为游戏规则配插图 2. 回答问题	1. 为游戏规则配插图 符合游戏要求，造型生动，富有童趣，便于幼儿理解 2. 回答问题 如何利用配画帮助 4 ～ 5 岁幼儿理解游戏规则 3. 请在 10 分钟内完成上述任务

二、材料准备

（1）模拟清单题目，利用网络、书籍或请教幼儿园教师等确定。

（2）常见材料准备：油画棒、蜡笔、彩铅、水彩笔、铅笔、素描纸、画纸、A4 纸、绘画室。

（3）单独空教室 2 间（1 间备考室，1 间面考室），学习小伙伴 2 ～ 3 人。

三、流程模考

（一）备考室（20 分钟）

1. 快速审题

快速通读试题，领会题意。

2. 认真绘画，书写问题要领

按照题意，认真绘画。最后利用 3 ～ 5 分钟时间将回答问题答案要领记在备课纸上。

（二）面考室（20 分钟）

（1）规定性问题回答（5 分钟）。

（2）展示环节（10 分钟）。规定性问题回答完毕后再次进行绘画创作（可在黑板上用粉笔进行展示）。用 8 ～ 9 分钟时间回答问题，注意思路清晰，语言生动有趣，方法适当，符合幼儿认知、兴趣特点和能力水平。

（3）答辩环节（5 分钟）。如果考官无其他问题，此环节省略，考生切忌将考题纸、备课纸等考试材料带离考场，只带自己准考证、身份证等相关证件离开，面试结束。

第九章 幼儿手工活动与教师职业能力

【目标导读】

• 了解幼儿手工面试展示的类型、要求，熟悉常见问题，掌握相关实践知识。

• 掌握幼儿手工各类型考查技能技巧，运用相应技能技巧和实践知识设计、组织开展手工等保教活动。

• 激发学习兴趣，树立正确面试观和职业能力观，规范幼儿手工面试基本礼仪。

【内容导引】

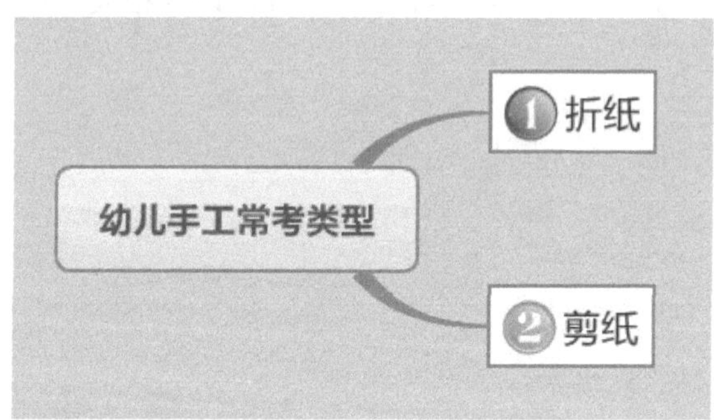

能够根据《幼儿园教育指导纲要（试行）》《3～6岁儿童学习与发展指南》的要求，以及幼儿的兴趣需要和年龄特点，选择教育内容，确定活动目标，设计、组织、评价教育活动是《学前教师职业能力标准（试行）》中重要的实践能力。折纸、剪纸技能技巧是幼儿园教师资格面试考查应考者教师职业能力的主要内容。

第一节 折纸与教师职业能力

纸工是幼儿园教师资格面试中的必考内容，折纸是其最基本最常见的表现方式。通过面试现场提供的折纸图示，考查考生能够正确按照图示要求，完成折纸作品的基本能力，也考查考生掌握幼儿折纸能力发展年龄特点的实践知识，并能运用幼儿手工活动的实践知识设计、组织开展活动的能力。

【关键词】纸工；折纸；幼儿手工活动实践知识

一、真题分析

【题 9-1】

［题目］纸工“企鹅”（图示略）

［内容］

1. 按图示步骤完成折纸“企鹅”

2. 回答问题

［基本要求］

1. 按图示步骤完成折纸“企鹅”

2. 回答问题

（1）该内容适合什么年龄段的幼儿学习？

（2）如何利用纸工“企鹅”引发幼儿展开其他活动？

3. 请在 10 分钟内完成上述任务

［主要考核目标］折纸技能技巧；了解幼儿；思维品质

【题 9-2】

［题目］“小狗看爷爷”（图示略）

［内容］

1. 按图示步骤完成折纸“小狗”

2. 运用折纸作品讲故事

［基本要求］

1. 按图示步骤折出“小狗”

2. 运用作品为幼儿讲故事

（1）有幼儿意识，表现出自身具备为幼儿讲故事的技能；

（2）普通话标准，口齿清楚，语速适中，富有感染力。

3. 请在 10 分钟内完成上述任务

［主要考核目标］折纸技能技巧；了解幼儿；表达交流

分析：折纸常考题型主要有以上两种。题 9-1 要求考生具备基本的正确识图能力，理解图示步骤，按照图示顺序，准确完成折纸作品。回答问题考查考生根据折纸图示的特点、难易程度、对幼儿手眼脑协调性要求、作品特点等综合判断适合 4 ～ 5 岁幼儿学习折纸。同时考查考生了解手工折纸与幼儿发展的实践知识以及利用折纸作品设计开展其他保教活动的能力。如可以组织开展想象添画、废旧材料制作企鹅玩具、阅读朗诵有关企鹅的故事书的活动等。题 9-2 除考查考生基本折纸技能外，还要求考生运用折纸作品“小狗”模拟为幼儿讲故事，考查考生利用折纸作品为凭借物讲述故事的基本技能。

二、常见问题诊断

（1）看懂折纸符号，按图示完成折纸作品的基本技能需要加强。

（2）缺乏幼儿手工活动相关实践知识，凭借折纸作品讲故事技能有待加强。

三、实操建议

1. 加强幼儿手工活动组织与指导等实践知识学习

2. 折纸应试技能训练重点

（1）掌握折纸的基本术语。

学习掌握如边、角、中心线、中心点、对边折、对角折等基本折纸术语。

（2）掌握折纸的基本规则。

对齐、抹平是折纸的基本规则。如果不对齐、不抹平折出来的物体形象就容易歪歪扭扭、松松垮垮，既不美观又容易散开。

（3）学习折纸的基本技法。

看懂折纸符号，学习按图示进行折纸。运用对边折、对角折、集中一角折、集中一边折、四角向中心折、双正方折、双三角折、菱形折、反复折、组合折等方法，看清折纸符号，按照图示顺序完成折纸。

四、岗课证赛衔接

考生需要掌握折纸活动与幼儿身心发展特点的专业实践知识。

折纸活动与幼儿身心发展特点

折纸活动要按照由浅入深的规律和由易到难的顺序安排，充分考虑幼儿身心发展特点。

（一）小班

小班幼儿在折纸活动中要了解对边折、对角折、向中心折的折纸方法，能够比较熟练运用对角折、对边折折出日常生活中常见的简单物体。

教师要引导幼儿学习折纸的基本术语以便教师在对幼儿进行指导时能够充分理解。对小班最初的折纸练习，主要指导幼儿学会对齐、抹平及一些简单的折叠方法，如对边折（折小钱包、风琴等）、对角折（折衣服、东西南北等）、反复折（折蝴蝶、小扇子等）。循序渐进地增加折纸知识，培养幼儿喜欢、愿意参与折纸活动的兴趣并鼓励幼儿积极主动地向他人展示介绍自己的作品。

（二）中班

中班幼儿在折纸活动中需要掌握的折纸技能有：双三角形折、双正方形折、斜边对中心线折等，并与其他美工技能结合，在折纸基础上尝试添画。

教师引导幼儿学习看图示折纸。事先要按折纸顺序画好步骤图，图上线条要简明，方便幼儿理解。还要教会幼儿认识和熟悉折纸符号，培养幼儿的识图能力。幼儿第一次学习看图折纸时，教师可以边教幼儿识图边进行展示，帮助幼儿理解折纸符号，展示时，纸要大些，正反面颜色要有所区别，在折纸时手的动作要明确，每折一步都要指明折叠的依据和标准部位，语言简洁明了，通俗易懂，待幼儿理解图示后，可逐步过渡到折纸的重点和难点部分，其他部分让幼儿自己看图折纸。教师可出示一个折好的样品，让幼儿对要折的形象有一个整体认知。指导过程中，教师要求幼儿平整地折叠，如四角向中心折（折裤子、帆船、篮子等）、双正方形折（折小手枪、帽子等），同时鼓励幼儿与同伴之间互相学习。

（三）大班

大班幼儿在折纸活动中应能认识各种折叠符号、简单图解，学习根据折叠符号和图解进行折叠，在熟练掌握各种基本折纸方法的基础上，学折各种物体。

大班幼儿在学习折纸技能时可以适当加大一些难度，如双三角形折（折宝塔、小猴爬山等），组合折（折战斗机、坦克等），即把折好的几个部分组成一个整体。教师应重点指导几个部分的插接，引导幼儿学会思考如何插接才不会松散。培养大班幼儿的主动性，独立解决问题的能力，以及进行简单创作并尝试在其他活动中运用折纸的技能。

在幼儿掌握基本折纸技法后，教师可引导幼儿把折纸、添画、剪纸等动手操作部分结合起来，根据造型表现需要，配合使用剪刀，或者在折纸作品上进行描绘，使之更加生动形象。另外，要获得折纸技能的提升需要在平时多加练习，在练习基本技法时，可发挥幼儿的想象力和创造力，引导幼儿对折纸形象进行加工改造，形成有创意的作品。例如，幼儿用长方形纸学习对边折，对边折后让幼儿在纸上画上车窗、乘客，再添画上轮子变成一列火车、大巴等；也可让幼儿把对折后的纸竖立起来，在上面添画上窗口、人物等，或用剪刀剪开几扇窗，使之成为一栋高楼。

第二节　剪纸与教师职业能力

剪纸是纸工在面试考试中第二种常见的内容。通过题目内容和要求，考查考生利用剪刀运用规定剪纸方法完成作品的基本剪纸能力，并考查考生掌握幼儿剪纸能力发展特点的实践知识以及运用剪纸作品组织其他教育活动的能力。

【关键词】纸工；剪纸；幼儿剪纸活动实践知识

一、考题分析

【题 9-3】

［题目］剪纸“帽子”（图示略）

［内容］

1. 通过对折剪纸的方法完成，并用此方法剪出两种日常用品

2. 回答问题

［基本要求］

1. 通过对折剪纸的方法完成，并用此方法剪出两种日常用品

2. 回答问题

（1）该纸工适合什么年龄段的幼儿学习？

（2）如何利用你的剪纸作品引发幼儿开展其他活动？

3. 请在 10 分钟内完成上述任务

［主要考核目标］剪纸技能技巧；了解幼儿；表达交流

分析：本题主要考查考生按照对折剪纸方法的剪帽子，并能熟练运用对折剪纸法剪出两件不同日常用品的剪纸能力。回答问题主要考查考生对幼儿剪纸能力发展特点实践知识的掌握以及利用作品设计活动的能力。5 ～ 6 岁幼儿基本会用对称折叠法（对折法）剪出简单的图形和窗花。这个年龄段的幼儿在剪纸等纸工活动中经常开展创造性的加工改造活动如想象添画活动，也可以是废旧纸张的回收制作利用活动，还可以是关于剪纸形象或作品的故事活动、表演活动、游戏活动、科学观察认识活动等。

二、常见问题诊断

（1）运用折法剪纸的基本技能需要加强。

（2）缺乏与幼儿剪纸活动相关的实践知识。

三、实操建议

1. 加强幼儿剪纸活动相关实践知识学习

2. 剪纸应试技能训练重点

（1）正确使用工具。

正确、熟练使用考试提供的儿童专用剪刀，养成良好使用剪刀的习惯，在使用时要保持专注，避免分心，保证自身安全。

（2）掌握剪纸的几种基本剪法。

剪纸是以纸为加工对象，用剪刀将纸剪出简单形状或物象轮廓的纸艺创作活动。剪纸一般分为目测剪纸法、轮廓剪纸法、折叠（对折）剪纸法三种。

①目测剪纸法。即用没有任何痕迹的纸，借助目测方式凭借想象，直接剪出所需图像的方法。用目测剪的形象大多数是线条、正方形、长方形、三角形等几何图形和一些轮廓简单的物体。幼儿园剪纸活动中在开始学习用剪刀时一般采用这种剪法。

②轮廓剪纸法。即按照已画好的轮廓线剪出所需要的物体形象的方法。中班幼儿剪纸活动可以采用这种方法。

③折叠剪纸法（对折法）。即将纸折叠后再剪出纹样的方法。折叠剪出的纹样具有对称、均衡的美感。折叠剪的第一步是折叠，一般折 2 ～ 3 层，层数不宜过多。在剪纸顺序上，按照从里到外、从大到小、从细到粗、从局部到整体的顺序来剪，最后再进行修整。

四、岗课证赛衔接

考生应掌握幼儿剪纸活动的专业实践知识。

幼儿剪纸活动注意要点

幼儿剪纸活动中，应注意以下几个方面。

第一，剪纸内容安排上，应由简到繁、由易到难，即先剪大面积的，线条较短、较直的物体形象，然后再剪一些有曲线的、有细节的物体形象。

小班：教师提供安全剪刀，尝试学习使用剪刀。采用目测剪纸法比较合适。

中班：幼儿学习剪一些简单图形，逐步学会剪弧线、圆曲线，并按照教师要求沿轮廓剪出物体图形。最初剪的轮廓线要简单，随着年龄增长，可教幼儿学习剪一些较为复杂的轮廓线。

大班：能熟练运用轮廓或目测方法剪出简单物体的外形，会用对称折叠的方法剪出简单的物体图形和窗花。这个阶段的幼儿已经熟练掌握了剪纸、撕纸技能。因此，教师可指导幼儿综合运用剪纸、撕纸技能进行主题创作。幼儿可根据故事情节将故事角色先剪下来，并添画相应背景，最后进行粘贴。

第二，剪纸顺序上，目测剪和沿轮廓剪要注意先从大的轮廓开始，再剪小的细节，最后逐渐修剪成形。折叠剪按照从里到外、从大到小、从细到粗、从局部到整体的顺序来剪，最后再进行修整。

第三，无论使用哪种剪法，教师都应提醒幼儿剪纸时应左手配合右手的动作转动纸片，防止边剪边拉使形象周围不整齐，但不必苛求剪出物体形象美观。

第四，剪纸时，提醒幼儿将剪下的碎纸屑放在指定容器中，保持桌面、地面整洁，养成良好卫生习惯和剪纸习惯，同时也要注意使用剪刀时的安全问题。

第三节 本章小结

一、本章模考试题清单（见表 9-1）

表 9-1 全仿真模考训练试题清单

序号	考题类型	题目	内容	基本要求
1	折纸	自选小、中、大班幼儿折纸作品图示，如“小熊”	1. 按图示步骤完成折纸“小熊” 2. 回答问题	1. 按图示步骤完成折纸“小熊” 2. 回答问题 ①该内容适合什么年龄段幼儿学习？ ②说说用图示方法还可以制作哪些动物纸偶 3. 请在 10 分钟内完成上述任务
2	对折剪纸	自选小、中、大班幼儿剪纸作品图示，如“郁金香”	1. 剪纸 2. 回答问题	1. 运用对折剪的方法完成剪纸“郁金香”，并运用此种方法剪两种常见花卉 2. 回答问题 ①你认为此内容适合 3 ～ 4 岁幼儿学习吗？ ②如何利用你的剪纸作品引发幼儿开展其他活动 3. 请在 10 分钟内完成上述任务
3	对折撕纸	自选小、中、大班幼儿撕纸体裁，如“花朵”	1. 撕纸 2. 回答问题	1. 用正方形纸折叠后撕“花朵”，并用此方法撕出两种日常物体 2. 回答问题 ①该纸工适合什么年龄段的幼儿学习？ ②如何利用你的剪纸作品引发幼儿开展其他活动 3. 请在 10 分钟内完成上述任务

续表

序号	考题类型	题目	内容	基本要求
4	捏塑	自选小、中、大班幼儿捏塑体裁，如“桃子”	1. 用橡皮泥捏塑 2. 回答问题	1. 用橡皮泥捏塑“桃子”，并用此方法捏塑出两种其他水果 2. 回答问题 ①该泥工适合什么年龄段的幼儿学习？ ②如何利用你的泥工作品引发幼儿开展其他活动 3. 请在 10 分钟内完成上述任务
5	线状材料粘贴	自选小、中、大班幼儿粘贴体裁，如“图形”	1. 用小绳粘贴图形 2. 回答问题	1. 用小绳粘贴圆形、正方形、长方形和三角形 2. 回答问题 ①该粘贴适合什么年龄段的幼儿学习？ ②利用你的粘贴作品还可以开展哪些活动 3. 请在 10 分钟内完成上述任务

二、材料准备

（1）模拟清单题目，利用网络、书籍或请教幼儿园教师等确定。

（2）常见材料准备：剪刀、胶水、画纸、小绳、竹签、毛线、瓶盖、橡皮泥或手工工作坊。

（3）单独空教室 2 间（1 间备考室，1 间面考室），学习小伙伴 2 ～ 3 人。

三、流程模考

（一）备考室（20 分钟）

1. 审题，正确理解题意

快速通读试题，挖掘现场提供的材料。

2. 备课，认真手工制作

按照考题要求，认真进行手工制作，并完成作品。然后将回答问题的答案要点书写在备课纸上即可，无须赘述。

（二）面考室（10 分钟）

两个规定性问题回答完毕后，直接进行手工制作展示，并回答问题。回答问题时要注意语言表达的逻辑是否清晰、流畅、简练。

答辩环节（略）。

参考文献

[1] 谢先国 . 国家教师资格考试面试考官培训教程 [M]. 海口：海南出版社，2017.

[2] 叶亚玲 . 中小学教师资格考试面试通关教程 [M]. 北京：北京大学出版社，2015.

[3] 廖贵英，肖海柏，刘汶艳 . 幼儿园教师面试指南 [M]. 北京：人民邮电出版社，2016.

[4] 周丛笑 . 中小学和幼儿园教师资格考试及培训教材面试 [M]. 北京：高等教育出版社，2012.

[5] 吕耀坚，孙科京 . 幼儿艺术教育与活动指导 [M]. 北京：北京师范大学出版社，2014.

[6] 张淑琼 . 幼儿园教育活动设计与实施 [M]. 北京：北京师范大学出版社，2014.

[7] 李桂英，许晓春 . 学前儿童艺术教育 [M]. 北京：北京师范大学出版社，2014.

[8] 王惠然 . 学前儿童艺术教育 [M]. 北京：北京师范大学出版社，2014.

[9] 高红星 . 学前儿童美术教育 [M]. 北京：科学出版社， 2012.

[10] 李升伟 . 中小学（幼儿园）教师资格国考面试的问题及对策思考 [J]. 教学与管理，2015（27）：57–59.

[11] 李桂云，李升伟 . 幼儿园教师资格国考面试问题分析 [J]. 早期教育，2016（9）：18–22.

[12] 李桂云，李升伟 . 乡村教师师资现状、问题及实践研究：以入职资质考试为例 [J]. 教学与管理，2015（9）：71–73.

[13] 中小学和幼儿园教师资格考试标准（试行）[EB/OL]. http：//ntce.neea.edu.cn.

[14] 中小学和幼儿园教师资格考试面试大纲（试行）[EB/OL].http：//ntce.neea.edu.cn.

附录

《学前教育专业师范生教师职业能力标准（试行）》

一、师德践行能力

1.1 遵守师德规范

1.1.1 理想信念

●学习贯彻习近平新时代中国特色社会主义思想，深入学习习近平总书记关于教育的重要论述，以及党史、新中国史、改革开放史和社会主义发展史内容，形成对中国特色社会主义的思想认同、政治认同、理论认同和情感认同，能够在教书育人实践中自觉践行社会主义核心价值观。

●树立职业理想，立志成为有理想信念、有道德情操、有扎实学识、有仁爱之心的好老师。

1.1.2 立德树人

●理解立德树人的内涵，形成立德树人的理念，掌握立德树人的途径与方法，能够在教育实践中实施素质教育，依据德、智、体、美、劳全面发展的教育方针开展教育教学。

1.1.3 师德准则

●具有依法执教意识，遵守《中华人民共和国宪法》《中华人民共和国民法典》《中华人民共和国教育法》《中华人民共和国教师法》《中华人民共和国未成年人保护法》等法律法规，在教育实践中能履行应尽义务，自觉维护幼儿与自身的合法权益。

●理解教师职业道德规范内涵与要求，在教育实践中遵守《新时代幼儿园教师职业行为十项准则》，能分析解决教育教学实践中的相关道德规范问题。

1.2 涵养教育情怀

1.2.1 职业认同

●具有家国情怀，乐于从教，热爱教育事业。认同教师工作的价值在于传播知识、传播思想、传播真理，塑造灵魂、塑造生命、塑造新人；了解幼儿教师的职业特征，理解教师是幼儿学习与发展的支持者、合作者、引导者，创造条件激发幼儿好奇心、求知欲，积极引领幼儿行为，帮助幼儿自主发展。

●领会学前教育对幼儿发展的价值和意义，认同促进幼儿全面而有个性发展的理念。

1.2.2 关爱幼儿

●做幼儿健康成长的启蒙者和引路人，公正平等地对待每一名幼儿，关注幼儿成长，保护幼儿安全，促进幼儿身心健康发展。

●尊重幼儿的人格和权利，保护幼儿游戏的自主性、独立性和选择性，关注幼儿的个体差异，相信每名幼儿都有发展的潜力，乐于为幼儿创造发展的条件和机会。

1.2.3 用心从教

●树立爱岗敬业精神，在教育实践中能够认真履行工作职责，积极钻研，富有爱心、责任心，工作细心、耐心。

1.2.4 自身修养

●具有健全的人格和积极向上的精神，有较强的情绪调节与自控能力，能灵活应变，妥善处理工作中的问题。

●掌握一定的自然科学和人文社会科学知识，了解中国教育基本情况，传承中华优秀传统文化，具有人文底蕴、科学精神和审美能力。

●仪表整洁，语言规范健康，举止文明礼貌，符合教师礼仪要求和教育教学场景要求。

二、保育和教育实践能力

2.1 掌握专业知识与技能

2.1.1 保育教育基础

●掌握科学照料幼儿日常生活的基本方法，了解幼儿日常卫生保健、传染病预防和意外伤害事故处理的相关知识，掌握面临特殊事件发生时保护幼儿的基本方法。

●掌握教育理论的基本知识和 3 ～ 6 岁幼儿身心发展特点、规律，具备观察、分析与评价幼儿行为的能力。熟悉幼儿园教育的目标、任务、内容、要求和基本原则。

●认识融合教育的意义和作用，了解有特殊需要幼儿的身心发展特点及教育策略，掌握随班就读的基本知识及相关政策，基本具备指导随班就读的教育教学能力。

2.1.2 领域素养

●掌握幼儿健康、语言、社会、科学、艺术等领域教育的基本知识和方法，理解幼儿园各领域教育之间的联系，能在教育实践中综合运用各领域知识，实现各领域教育活动内容相互渗透。

2.1.3 信息素养

●了解信息时代对人才培养的新要求，掌握一定的现代信息技术知识，具有安全、合法与负责任地使用信息和技术的意识。

2.2 开展环境创设

2.2.1 创设物质环境

●能够创设安全、适宜、全面且有助于促进幼儿成长、学习、游戏的物质环境，合理利用资源，为幼儿提供和制作适合的玩教具和学习材料，引发和支持幼儿的主动活动。

2.2.2 营造心理环境

●理解教师的态度、情绪、言行在幼儿园及班级心理环境形成中的重要性。能够构建和谐的师幼关系，帮助幼儿建立良好的同伴关系，营造良好的班级氛围，主动关心和亲近幼儿，让幼儿感受到尊重和接纳，促使幼儿更加快乐的学习。

2.3 组织一日生活

●能够安排和组织幼儿园一日生活的主要环节，具有将教育渗透一日生活的意识，能够与保育员协同开展班级常规保育和卫生工作。

2.4 开展游戏活动

2.4.1 满足游戏需要

●了解幼儿游戏的类型和主要功能，根据各年龄阶段幼儿的游戏特点，满足幼儿游戏的需要。

2.4.2 创设游戏环境

●能够合理、有效地规划和利用户内外游戏活动空间，能够根据幼儿的发展和需要创设相应的活动区，提供丰富、适宜的游戏材料，引发和促进幼儿的游戏。

2.4.3 支持幼儿游戏

●能够提供充足的游戏时间，鼓励幼儿自主选择游戏内容、伙伴和材料，支持幼儿主动地、创造性地开展游戏，充分体验游戏的快乐和满足。

●学会观察分析幼儿的游戏，支持幼儿在游戏活动中获得身体、认知、语言和社会性等多方面的发展。

2.5 实施教育活动

2.5.1 设计教育活动方案

●能够根据《幼儿园教育指导纲要（试行）》《3～6岁儿童学习与发展指南》的要求，以及幼儿的兴趣需要和年龄特点，选择教育内容，确定活动目标，设计教育活动方案。

2.5.2 组织教育活动

●学会运用各种适宜的方式实施教育活动，鼓励幼儿在活动中主动探索、交流合作、积极表达，能够有效观察幼儿在活动中的表现，并根据幼儿的需要给予适当的指导。

2.5.3 实施教育评价

●了解幼儿园教育评价的目的与方法，运用观察、谈话、家园联系、作品分析等多种方法，客观全面地了解和评价幼儿。能够基于幼儿身心发展特点，利用技术工具分析幼儿学习过程、收集幼儿学习中的反馈意见。

●能够运用评价结果，分析、改进教育活动开展，促进幼儿全面发展。

三、综合育人能力

3.1 育德意识

●树立“幼儿为本、德育为先”的理念，了解幼儿社会性情感发展的规律和个性特征，有针对性地开展育人工作。

●具有教书育人意识。理解活动育人的功能，能够在保教活动中有机融入社会主义核心价值观、中华优秀传统文化、革命文化和社会主义先进文化教育，为培养幼儿适应终身发展和社会发展所需的正确价值观、必备品格和关键能力奠定基础。

3.2 育人实践

●掌握活动育人的方法和策略，基于幼儿的身心发展特点合理设计育人目标、活动主题与内容，能够抓住一日生活中的教育契机，开展随机教育，培养幼儿良好的生活习惯和亲社会行为。

3.3 班级管理

●熟悉校园安全、应急管理相关规定，基本掌握班级空间规划、班级常规管理等工作要点。熟悉幼儿教育及幼儿成长生活等相关法律制度规定，能够合理分析解决幼儿教育与管理实践相关问题。

3.4 心理健康

●关注幼儿心理健康，了解幼儿身体、情感发展的特性和差异性，掌握幼儿心理健康教育的基本知识，及时发现和赏识每个幼儿的点滴进步，注重激发和保护幼儿的积极性、自信心，能够参与心理健康教育等活动。

3.5 家园协同

●掌握人际沟通的基本方法，能够运用信息技术拓宽家园沟通交流的渠道和途径，积极主动与家长进行有效交流。

●掌握开展幼儿园、家庭和社区各种协同活动的方式方法，能够开展幼儿园与小学教育的衔接工作。

四、自主发展能力

4.1 注重专业成长

4.1.1 发展规划

●了解教师专业发展的要求，具有终身学习与自主发展的意识。根据学前教育课程改革的动态和发展情况，制定教师职业生涯发展规划。

4.1.2 反思改进

●具有反思意识和批判性思维素养，初步掌握教育教学反思的基本方法和策略，能够对教育教学实践活动进行有效的自我诊断，并提出改进思路。

4.1.3 学会研究

●初步掌握教育研究的基本方法，能用以分析、研究幼儿教育实践问题，并尝试提出解决问题的思路与方法，具有总结和提升实践经验的能力。

●掌握专业发展所需的信息技术手段和方法，能在信息技术环境下开展自主学习。

4.2 主动交流合作

4.2.1 沟通技能

●具有阅读理解能力、语言与文字表达能力、交流沟通能力、信息获取与处理能力。

●掌握基本沟通合作技能与方法，能够在教育实践、社会实践中与同事、同行、专家等进行有效沟通。

4.2.2 共同学习

●理解学习共同体的作用，掌握团队协作的基本策略，了解学前教育的团队协作类型和方法，具有小组互助、合作学习能力。

后记

借本书结稿之际，假以片纸，感谢大力支持本书出版的各方人士。此前研究已有成果，方以本书早日与读者见面。

本书系 2021 年度天津市教育科学“十四五”规划课题《“三教”改革视角下高职学前教育专业“1+1+X”三证融合课程改革实践研究》（课题批准号：CJE210256），2021 年度天津市职业学校“十四五”教育教学改革研究重点项目《“三教”改革视域下高职学前教育专业教学改革实践研究》（项目编号：2021051）的重要阶段性研究成果。

本研究成果适用于普通高等本科院校、高职大专（中职）院校的学前教育专业师生以及以上院校非学前教育专业学生和其他社会学习者使用。

由于作者水平和时间有限，书中难免存在疏漏和不足之处，敬请广大读者批评指正。

作者

2023 年 4 月于天津海河教育园